Legal Progressive Series

11

金融取引関係訴訟

滝澤孝臣 [編著]

リーガル・プログレッシブ・シリーズ

青林書院

はしがき

　本書の編集を引き受けさせていただいてからこの度の上梓に至るまで，本当に長い時間が経過してしまった。この間，東京地裁から，千葉地裁，山形地・家裁，知財高裁へと異動になったばかりでなく，その異動先でこれまで体験してきた民事通常事件から離れ，専門部として体験するのは初めてとなる執行・破産事件，初めての職務である所長事務，初めて担当する知財事件に翻弄される日々を重ねて現在に至っているが，それにもかかわらず，本書を是が非でも上梓したいという意欲を持ち続けられたのは，ＬＰ（リーガル・プログレッシブ）シリーズの１冊として刊行される本書につき，実務家が執筆する訴訟実務に係る実用書として，これまでの体験を踏まえ，本書で取り上げる個々の訴訟類型を実体法と手続法とその両面から体系立って理解することができるように概説したいという思いに駆られて本書の編集を引き受けさせていただいたからである。

　訴訟実務は，いうまでもなく，実体法と手続法とが「交錯」する場面であるが，実務を少しでも体験すると，実体法と手続法とが「融合」した上で成り立っているとの感を強くする。当該訴訟において生起する問題点の解決が図られるためには，その問題点の分析も，実体法と手続法とそのいずれか一面に偏った分析は許されない。実体法と手続法とその両面を不即不離，表裏一体に捉えた分析が求められるのであって，訴訟実務に係る実用書である以上，そのような分析が自ずと身に付くようなものでなくてはならない。
　その方法として編者が考えたのは，本書で取り上げる個々の訴訟類型ごとに，その実体法上の問題点と手続法上の問題点とを同時進行的に把握することができるにはどうしたらよいかということであって，その試みとして，個々の訴訟類型において実務的に問題となる点をその場面ごとに実体法上の問題点と手続法上の問題点とに分類して概説するという方法である。

もっとも，その方法も，試みて直ぐに，実体法上の問題点と手続法上の問題点とに分類することが必ずしも容易でないことに気がつくことになった。実体法上の問題点は実体法の適用要件が何であるかといった問題点，手続法上の問題点はその適用要件の主張立証をめぐる問題点といった分類が基本になるので，その限りにおいては，簡単そうにみえるが，実際に問題となる点を分類するに当たっては，実体法上の問題点のようにみえるが，手続法上の問題点として捉えるほうが分かり易い問題点があると同時に，反対に，手続法上の問題点のようにみえるが，実体法上の問題点として捉えるほうが分かり易い問題点もあるからである。

　しかし，本書でそのような方法を試みるのは，個々の訴訟類型において問題となる点を実体法上の問題点と手続法上の問題点とに分類すれば，後は，その問題点を各別にそれぞれ独立して概説すれば足りるというわけではなく，その問題点を実体法的に，かつ，手続法的に融合させて概説しなければ意味がないからであるとすると，その分類に試行錯誤することも本書が目的とするところから避けて通れない課題であったように思われてくる。読者におかれては，本書における実体法上の問題点と手続法上の問題点との分類に疑問を挟まれる向きもおられるかも知れないが，執筆者が以上のように試行錯誤した結果であって，その分類に執筆者なりの工夫があると受け止めていただき，さらに進んで，執筆者が何故にそのような分類をしたのかまで思いを至らせていただけると，必然，実体法上の問題点と手続法上の問題点とが不即不離，表裏一体の関係にあって，その両面から融合的に問題点を捉えることが訴訟実務を知る上で必要であることに気がついていただけるのではないかと思われる。

　本書は，執筆者がそのような目的意識を共有して，各自の担当部分を概説したものであるが，本書のような試みはこれまでに少なく，各自の執筆部分も各自なりの工夫をした結果を優先したため，その結果にばらつきがないわけではない。それも，本書の試みが新たなものであるとすれば，各自の工夫をそのまま読者に提供させていただくほうが，本書の試みを読者とも共有することができるのではないかと考えたためである。

はしがき

　最後に，本書をここに刊行できるまで，青林書院の長島晴美さんに編集担当者として許容限度を遙かに超える寛容さで対応していただいたことに対し，最大限の謝辞でお礼を述べさせていただきたい。本書の刊行に至る産みの苦しみも，その寛容さがあればこそ，楽しい体験として振り返ることができる。執筆者を代表して重ねてお礼を申し上げる次第である。

　平成23年6月

執筆者代表・編者　　滝　澤　孝　臣

編集者・執筆者紹介

滝澤 孝臣（たきざわ たかおみ）【編集者】〈序章，第4章，第6章担当〉
東京高等裁判所部総括判事（知的財産高等裁判所勤務）
　昭和50年東京地裁判事補，その後札幌地・家裁小樽支部，東京地裁，宇都宮地・家裁栃木支部，東京高裁（職務代行）で勤務した後，平成元年4月最高裁調査官，平成6年4月東京高裁判事，平成10年4月浦和地裁（現さいたま地裁）部総括判事，平成14年4月東京地裁部総括判事，平成16年11月千葉地裁部総括判事，平成19年3月山形地・家裁所長，平成21年4月より現職。
主要著書：『不当利得法の実務』（新日本法規出版，2001），『民事法の論点―その基本から考える』（経済法令研究会，2006），『金融・商事判例50講―裁判例の分析とその展開』（編著／増刊金融・商事判例1211号，2005），『消費者取引関係訴訟の実務』（編著／新日本法規出版，2004），『判例展望民事法Ⅰ・Ⅱ・Ⅲ』（編／判例タイムズ社，2005・2007・2009），「文書提出命令―その実体面及び手続面の実務的な検討」川井健＝田尾桃二編集代表『転換期の取引法―取引法判例10年の軌跡』（商事法務，2004）所収，「抵当権に基づく妨害排除請求と損害賠償請求」塩崎勤＝雨宮眞也＝山下丈編『新・裁判実務大系29 銀行関係訴訟法〔補訂版〕』（青林書院，2009）所収，「債権執行と被差押債権をめぐる権利変動」佐藤歳二＝山野目章夫＝山本和彦編『新担保・執行法講座第4巻』（民事法研究会，2009）所収　など

内田 義厚（うちだ よしあつ）〈第1章，第3章担当〉
裁判官訴追委員会事務局次長
　平成4年4月浦和地裁（現さいたま地裁）判事補，その後新潟地・家裁，長野家・地裁飯田支部，東京地裁で勤務した後，平成14年4月東京地裁判事，平成15年4月千葉地・家裁一宮支部長判事，平成19年4月東京地裁判事，平成22年2月より現職。
（平成19年4月～平成22年1月　明治学院大学法科大学院講師を併任）
主要著書：「手術承諾書の法的意義」太田幸夫編『新・裁判実務大系1 医療過誤訴訟法』（青林書院，2000）所収，「評価」山崎恒＝山田俊雄編『新・裁判実務大系12 民事執行法』（青林書院，2001）所収，「転抵当と担保権実行」佐藤歳二＝山野目章夫＝山本和彦編『新担保・執行法講座第3巻』（民事法研究会，2010）所収　など

森 鍵 一（もりかぎ はじめ）〈第2章，第5章担当〉
福岡高等裁判所那覇支部判事
　平成9年4月大阪地裁判事補，その後，最高裁事務総局行政局，東京地裁，仙台地・家裁気仙沼支部で勤務した後，平成19年4月大阪地裁判事，平成21年4月より現職。
（平成19年4月～平成20年9月　京都産業大学法科大学院非常勤講師を併任）
主要著書：「新四号訴訟」藤山雅行編『新・裁判実務大系25 行政争訟』（青林書院，2004）所収，西川知一郎編著『LP行政関係訴訟』（青林書院，2009）「第4章住民訴訟　Ⅱ訴えの提起」を担当，「連帯納付義務者（相続税法34条1項）による不服申立てについて　第二次納税義務者（国税徴収法39条）による不服申立てを参考に」小佐田潔編『民事実務研究Ⅳ』（判例タイムズ社，2011）所収　など

凡 例

1．用字・用語等

本書の用字・用語は，原則として常用漢字，現代仮名づかいによったが，法令に基づく用法，及び判例，文献等の引用文は原文どおりとした。

2．関係法令

関係法令は，原則として平成23年6月末日現在のものによった。

3．本文の注記

判例，文献の引用や補足，関連説明は，脚注を用いた。法令の引用，例示などは，本文中にカッコ書きで表した。

4．法令の引用表示

本文解説中における法令条項は，原則としてフルネームで引用した。
　カッコ内における法令条項のうち主要な法令名は，後掲の「主要法令略語表」によった。

5．判例の引用表示

脚注における判例の引用は，原則として次のように行った。その際に用いた略語は，後掲の「判例集等略語表」によった。年号は，明治は「明」，大正は「大」，昭和は「昭」，平成は「平」と略記した。
　　（例）　平成17年7月14日最高裁判所判決，最高裁判所民事判例集59巻6号1323頁
　　　→　最判平17・7・14民集59巻6号1323頁
　　（例）　平成21年9月30日京都地方裁判所判決，判例時報2068号134頁
　　　→　京都地判平21・9・30判時2068号134頁

凡　　例　　vii

6．文献の引用表示

　脚注中に引用した文献について，頻出する文献は略語を用いて引用し，その際用いた略語は，後掲の「主要文献略語表」によった。それ以外のものについては，著者（執筆者）及び編者・監修者の姓名，『書名』（「論文名」），巻数又は号数（掲載誌とその巻号又は号），発行所，刊行年，引用（参照）頁を掲記した。主要な雑誌等は後掲の「主要雑誌等略語表」によった。

主要法令略語表

貸金	貸金業法	社債株式振替	社債，株式等の振替に関する法律
割賦	割賦販売法		
金商業等府令	金融商品取引業等に関する内閣府令	商	商法
		消費契約	消費者契約法
金融商品	金融商品の販売等に関する法律	商品先物	商品先物取引法
		信託	信託法
金融商取	金融商品取引法	特定商取引	特定商取引に関する法律
金融商取施令	金融商品取引法施行令	民	民法
偽造カード	偽造カード等及び盗難カード等を用いて行われる不正な機械式預貯金払戻し等からの預貯金者の保護等に関する法律	民執	民事執行法
		民執規	民事執行規則
		民訴	民事訴訟法
		民訴規	民事訴訟規則
		民調	民事調停法

判例集等略語表

大	大審院		判例集
最	最高裁判所	裁判集民	最高裁判所裁判集民事
最大	最高裁判所大法廷	家月	家庭裁判月報
高	高等裁判所	訟月	訟務月報
地	地方裁判所	金判	金融・商事判例
簡	簡易裁判所	金法	旬刊金融法務事情
支	支部	セレクト	判例セレクト
判	判決	判時	判例時報
民録	大審院民事判決録	判タ	判例タイムズ
民集	大審院及び最高裁判所民事		

主要雑誌等略語表

銀法	銀行法務21	ジュリ	ジュリスト
金判	金融・商事判例	判時	判例時報
金法	旬刊金融法務事情	判タ	判例タイムズ
主判解	主要民事判例解説		

Legal Progressive Series　金融取引関係訴訟

目　次

序　章　金融取引関係訴訟 ……………………………………… 1

Ⅰ　金融取引関係訴訟の概要 ……………………………………… 1

1．金融取引関係訴訟の意義 …………………………………… 1
2．金融取引関係訴訟の態様 …………………………………… 2
3．金融取引関係訴訟の特質 …………………………………… 2

Ⅱ　金融取引関係訴訟の問題状況 ………………………………… 4

1．実体法面からみた諸問題 …………………………………… 4
　(1)　特別法による法規制　　4
　(2)　一般法による法規制　　5
2．手続法面からみた諸問題 …………………………………… 7
　(1)　審理内容――証明責任とその問題点　　7
　(2)　審理形態――集団訴訟とその問題点　　8

Ⅲ　金融取引関係訴訟の課題 ……………………………………… 9

1．実体法面からみた課題 ……………………………………… 9
2．手続法面からみた課題 ……………………………………… 10

第1章　金融商品取引関係訴訟 ……………………………… 11

Ⅰ　総　説 …………………………………………………………… 11

Ⅱ 取引損害訴訟 …………………………………………………………12

1．損害賠償請求訴訟 ……………………………………………………12

〔1〕 実体法上の問題点 ………………………………………………12

(1) 総論的検討　12
(2) 違 法 性　13
(3) 因果関係　18
(4) 損　　害　19
(5) 過失相殺　21

〔2〕 手続法上の問題点 ………………………………………………22

(1) 総説（訴訟物の選択）　22
(2) 主張立証責任の構造(1)――不法行為構成の場合　23
(3) 主張立証責任の構造(2)――債務不履行構成の場合　26
(4) 訴訟進行・運営上の留意点　27

2．不当利得返還請求 ……………………………………………………31

〔1〕 実体法上の問題点 ………………………………………………31

〔2〕 手続法上の問題点 ………………………………………………33

(1) 主張立証責任の構造　33
(2) 訴訟進行・運営上の問題点　34

3．無断売買に基づく預託金返還請求訴訟 ……………………………34

〔1〕 実体法上の問題点 ………………………………………………34

〔2〕 手続法上の問題点 ………………………………………………36

(1) 主張立証の構造　36
(2) 訴訟進行・運営上の留意点　37
(3) 事実認定上の留意点　38

Ⅲ　差損金請求訴訟 …………………………………………39

〔1〕　実体法上の問題点 …………………………………39

〔2〕　手続法上の問題点 …………………………………39

 (1)　主張立証責任の構造　40
 (2)　取引損害訴訟及び無断売買訴訟との関係　40
 (3)　訴訟進行・運営上の留意点　40
 (4)　事実認定上の留意点　40

Ⅳ　デリバティブ（金融派生商品）取引関係訴訟 ………………41

1．取引の意義と形態・分類 ………………………………41
2．デリバティブ取引関係訴訟の態様 ……………………42

〔1〕　実体法上の問題点 …………………………………42

 (1)　総　　説　42
 (2)　違 法 性　43
 (3)　因果関係・損害及び過失相殺　45

〔2〕　手続法上の問題点 …………………………………45

 (1)　訴訟物の選択　45
 (2)　主張立証責任の構造　46
 (3)　訴状，答弁書，準備書面の記載　46
 (4)　争点整理　46
 (5)　書証及び人証　47
 (6)　事実認定上の留意点　47

Ⅴ　その他の金融商品取引関係訴訟（外国証券取引関係訴訟）……47

1．総　　説 ………………………………………………47

 (1)　外国証券の意義・種類　47

(2) 外国証券取引の態様　48

　　　(3) 外国証券取引に関する行為規制　48

　２．外国証券取引関係訴訟の態様……………………………………49

　〔1〕 実体法上の問題点……………………………………………49

　　　(1) 違　法　性　49

　　　(2) 因果関係, 損害及び過失相殺　50

　〔2〕 手続法上の問題点……………………………………………50

　　　(1) 訴訟物の選択　51

　　　(2) 相手方の選択及び裁判管轄等　51

　　　(3) 主張立証責任の構造　51

　　　(4) 訴状, 答弁書, 準備書面の記載　51

　　　(5) 争点整理　52

　　　(6) 書証及び人証　52

　　　(7) 事実認定上の留意点　52

第2章　金融商品販売関係訴訟　55

Ⅰ　概　説　55

Ⅱ　預・貯金取引関係訴訟　56

　１．預金払戻請求訴訟………………………………………………58

　〔1〕 実体法上の問題点……………………………………………59

　　　(1) 預金契約の成立をめぐる問題点　59

　　　(2) 預金の払戻時期をめぐる問題点　62

　　　(3) 利息の発生をめぐる問題点　62

　　　(4) 消滅時効をめぐる問題点　63

(5)　準占有者に対する弁済をめぐる問題点　64
　　　(6)　相殺をめぐる問題点　68

〔2〕　手続法上の問題点 ……………………………………………70

　　　(1)　相続人の原告適格　70
　　　(2)　差押命令を得た債権者の払戻請求　72
　　　(3)　差押えを受けた預金者の払戻請求　74

　2．損害賠償請求訴訟 ……………………………………………………74

〔1〕　実体法上の問題点 ……………………………………………74

〔2〕　手続法上の問題点 ……………………………………………75

Ⅲ　信託取引関係訴訟 ……………………………………………75

　1．信託報酬請求訴訟 ……………………………………………………77

〔1〕　実体法上の問題点 ……………………………………………77

　　　(1)　信託行為　77
　　　(2)　信託の効力発生　78
　　　(3)　信託報酬支払の合意等　79
　　　(4)　信託報酬の支払義務者及び支払方法　80

〔2〕　手続法上の問題点 ……………………………………………81

　　　(1)　信託事務の先履行　81
　　　(2)　受益者に対する債務との同時履行　81

　2．受益債権請求訴訟 ……………………………………………………82

〔1〕　実体法上の問題点 ……………………………………………82

〔2〕　手続法上の問題点 ……………………………………………83

　3．損害賠償請求訴訟 ……………………………………………………84

〔1〕 実体法上の問題点 …………………………………………… 84

〔2〕 手続法上の問題点 …………………………………………… 85

第3章 商品先物取引関係訴訟 ─────────── 87

I 総　説 …………………………………………………………… 87

II 損害賠償請求訴訟 ……………………………………………… 88

〔1〕 実体法上の問題点 …………………………………………… 89

1. 違法性 ……………………………………………………………… 89
   (1) 説明義務違反　89
   (2) 適合性原則違反　91
   (3) 断定的判断の提供　91
   (4) 無断売買　92
   (5) 過当売買，特定売買　92
   (6) その他　93
2. 因果関係 …………………………………………………………… 93
3. 損　害 ……………………………………………………………… 94
4. 過失相殺 …………………………………………………………… 94

〔2〕 手続法上の問題点 …………………………………………… 95

1. 訴訟提起時の留意点 ……………………………………………… 95
   (1) 訴訟物の選択　95
   (2) 主張立証責任の構造　96
2. 訴訟進行・運営上の留意点 ……………………………………… 98
   (1) 訴状，答弁書，準備書面の記載　98
   (2) 争点整理　99

(3)　書証及び人証　99
　　　(4)　事実認定上の留意点（義務違反等の有無の認定）　100

第4章　貸金業取引関係訴訟 ──── 101

Ⅰ　概　　説 …………………………………………………101

Ⅱ　貸主側の提起する訴訟 ……………………………………102

1．借主に対する貸金返還訴訟 ……………………………………102

〔1〕　実体法上の問題点 ……………………………………………103

　　　(1)　元本債権の発生をめぐる問題点　103
　　　(2)　利息・損害金債権の発生をめぐる問題点　105
　　　(3)　元利金の弁済期をめぐる問題点　106
　　　(4)　元本債権の不発生・消滅をめぐる問題点　106
　　　(5)　利息・損害金債権の不発生・消滅をめぐる問題点　108

〔2〕　手続法上の問題点 ……………………………………………110

　　　(1)　利息・損害金の請求と弁論主義をめぐる問題点　110
　　　(2)　利息・損害金の請求と将来請求をめぐる問題点　112
　　　(3)　貸金業者の支配人の訴訟代理人をめぐる問題点　112

2．保証人に対する貸金返還訴訟 …………………………………113

〔1〕　実体法上の問題点 ……………………………………………114

　　　(1)　保証債務の成立をめぐる問題点　114
　　　(2)　保証債務の範囲をめぐる問題点　114

〔2〕　手続法上の問題点 ……………………………………………116

　　　(1)　保証人に対する請求と借主に対する請求との関係をめぐる
　　　　問題点　117

(2)　保証契約書の証拠力の有無・程度をめぐる問題点　118

Ⅲ　借主側の提起する訴訟 …………………………………………119

1．債務不存在確認訴訟 ……………………………………………120

〔1〕　実体法上の問題点 …………………………………………120

　　　(1)　貸金債務の不発生をめぐる問題点　120
　　　(2)　貸金債務の消滅をめぐる問題点　121

〔2〕　手続法上の問題点 …………………………………………121

　　　(1)　貸金債務の特定　121
　　　(2)　確認の利益　122

2．不当利得返還訴訟 ………………………………………………123

〔1〕　実体法上の問題点 …………………………………………123

　　　(1)　過払金の発生をめぐる問題点　124
　　　(2)　過払金の不発生・消滅をめぐる問題点　124

〔2〕　手続法上の問題点 …………………………………………126

　　　(1)　主張立証責任の帰属をめぐる問題点　126
　　　(2)　悪意の認定をめぐる問題点　128

第5章　信販取引関係訴訟　129

Ⅰ　概　説 …………………………………………………………129

Ⅱ　販売業者等の提起する訴訟 …………………………………129

1．賦払金等請求訴訟 ………………………………………………130

〔1〕　実体法上の問題点 …………………………………………130

目　次　　xvii

　　　(1)　割賦販売（割賦販売法2条1項）について　　130
　　　(2)　ローン提携販売（割賦販売法2条2項）について　　133
　　　(3)　包括信用購入あっせん（割賦販売法2条3項）について　　135
　　　(4)　個別信用購入あっせん（割賦販売法2条4項）について　　138
　　　(5)　前払式特定取引（割賦販売法2条6項）について　　138
　　〔2〕　手続法上の問題点………………………………………138
　　　(1)　抗弁の接続をめぐる問題点　　139
　　　(2)　クーリング・オフをめぐる問題点　　140
　2．目的物返還請求訴訟……………………………………143
　　〔1〕　実体法上の問題点………………………………………143
　　〔2〕　手続法上の問題点………………………………………144

Ⅲ　購入者等の提起する訴訟……………………………145

　1．賦払金不存在確認訴訟…………………………………145
　　〔1〕　実体法上の問題点………………………………………145
　　〔2〕　手続法上の問題点………………………………………146
　2．既払金返還請求訴訟……………………………………147
　　〔1〕　実体法上の問題点………………………………………147
　　〔2〕　手続法上の問題点………………………………………149
　3．損害賠償請求訴訟………………………………………149
　　〔1〕　実体法上の問題点………………………………………149
　　〔2〕　手続法上の問題点………………………………………150

第6章 特定商取引関係訴訟 ……151

I 概説 ……151

II 販売者等の提起する訴訟 ……153

1．代金請求訴訟 ……154

〔1〕 実体法上の問題点 ……154

(1) 販売形態の特定商取引法該当性をめぐる問題点　155
(2) 販売方法の特定商取引法非該当性をめぐる問題点　159

〔2〕 手続法上の問題点 ……161

(1) 販売形態の特定商取引法該当性をめぐる立証　162
(2) 販売方法の特定商取引法非該当性をめぐる立証　162

III 購入者等の提起する訴訟 ……164

1．債務不存在確認訴訟 ……164

〔1〕 実体法上の問題点 ……165

(1) クーリング・オフをめぐる問題点　166
(2) 不実の告知又は事実の不告知に基づく契約の取消しをめぐる問題点　166
(3) 特定商取引の公序良俗違反をめぐる問題点　167

〔2〕 手続法上の問題点 ……169

(1) 代金債務の特定　169
(2) 確認の利益　170

2．代金返還請求訴訟 ……171

〔1〕 実体法上の問題点 ……171

　　　　(1)　清算の許否　172

　　　　(2)　清算の対象額　172

　〔2〕　手続法上の問題点 …………………………………173

　3．損害賠償請求訴訟 ………………………………………173

　〔1〕　実体法上の問題点 …………………………………173

　　　　(1)　債務不履行責任をめぐる問題点　174

　　　　(2)　使用者責任をめぐる問題点　174

　〔2〕　手続法上の問題点 …………………………………176

　　　　(1)　債務不履行の立証をめぐる問題点　176

　　　　(2)　不法行為の立証をめぐる問題点　176

事項索引 ………………………………………………………179
判例索引 ………………………………………………………183

序　章

金融取引関係訴訟

　本章は，本書（金融取引関係訴訟）の総論的な考察の序章として，各章で概説する金融取引関係訴訟の概要及びその問題状況並びに課題について，概説することとする。

I　金融取引関係訴訟の概要

1．金融取引関係訴訟の意義

　金融取引関係訴訟といっても，その概念が確立しているわけではなく，本書でも，そのような確立した概念を前提に，いわば演繹的に金融取引関係訴訟の意義を定義づけているわけではない。「金融取引」が問題となっている訴訟という程度の意義であるが，こう定義づけても，それでは，金融取引とは何か，その概念が問題となる。

　広辞苑によると，「金融」とは，「金銭の融通」，「かねまわり」などと説明されているが，金銭の融通が直接又は間接に問題となっている取引を金融取引といっても，なお漠然としている。しかし，訴訟に至っている事件からそのような金融取引に関係する訴訟を類型化したものが金融取引関係訴訟であるということは可能ではないかと思われる[1]。

　1）　裁判実務において「金融取引」というと，まず想起されるのは，「金融商品取引」あるいは「金融商品の販売等に関する取引」である。前者については，「金融商品取引法」が，後者に

金融取引関係訴訟の「実務」について概説する本書においては，その対象とする金融取引関係訴訟をこのように，いわば帰納的に定義づけるしかないのであるが，それは，また，このような定義づけを前提にしなければ，金融取引関係訴訟の「実務」を概説することが難しいからでもあって，消極的な意義にとどまらず，積極的な意義がある。

2．金融取引関係訴訟の態様

本書では，以上のように定義づけられた金融取引関係訴訟として，第1章で，金融商品取引関係訴訟を，第2章で，金融商品販売関係訴訟を，第3章で，商品先物取引関係訴訟を，第4章で，貸金業取引関係訴訟を，第5章で，信販取引関係訴訟を，第6章で，特定商取引関係訴訟をそれぞれ取り上げることとした2)。

3．金融取引関係訴訟の特質

金融取引関係訴訟の特質は，いずれも金銭の融通が直接又は間接に問題となっている訴訟であるが，本書で取り上げる訴訟のうち，貸金業取引関係訴訟は，貸金業法（昭和58年法律第32号の「貸金業の規制等に関する法律」を平成18年法律第115号により改称）の適用を前提にした金銭の融通が直接に問題となっている場合である3)。信販取引関係訴訟も，割賦販売法（昭和36年法律第159号）

ついては，「金融商品の販売等に関する法律」が規定しているところ，金融商品取引法は，「金融商品」に属する商品について同法2条24項で例示，また，金融商品の販売等に関する法律は，「金融商品の販売」の意義について同法2条1項で，「金融商品の販売等」の意義について同条2項でそれぞれ規定しているが，「金融」ないし「金融取引」それ自体について例示又は規定するものではない。

2) 本書で取り上げた訴訟類型以外に，金融取引関係訴訟として考察するのに適した訴訟類型がないというわけではなく，その意味で，以上の訴訟類型の取り上げ方で十分というわけではないが，この点は後日の補充を予定している。

3) 貸金業法は，本文に記載した平成18年法律第115号による改正で名称を「貸金業の規制等に関する法律」から「貸金業法」へと改め，その性質を「取締法」から「業法」へと変えたので，貸金業取引について同法の適用を前提とするという説明が適切であるかどうか異論も予想されるが，便宜，同法の適用を前提とした取引であると説明した。

で規定される取引につき，当該取引の対象となる商品の販売又は役務の提供を前提にした，その販売代金等の融通が問題となっている取引に係る訴訟であるから，なお直接的ということができる。特定商取引関係訴訟も，特定商取引に関する法律（昭和51年法律第57号の「訪問販売等に関する法律」を平成12年法律第120号で改称）で規定される取引につき，当該取引の対象となる商品の販売又は役務の提供を前提にした，その販売代金等の支払をめぐって問題となっている訴訟であるから，信販取引関係訴訟ほどには販売代金等の融通が問題となっているわけではないとしても，なお金銭の融通が問題となっているということができる。これに対し，金融商品取引関係訴訟は，金融商品取引法（昭和23年法律第25号の「証券取引法」を平成18年第65号により改称）の適用を前提にした金融商品取引が問題となっている訴訟であって，それ自体が直接的に金銭の融通を目的とするものではないが，それが信用取引として行われる場合には，そこに金銭の融通を観念することができる。その意味で，間接的であっても，金銭の融通が問題となっている訴訟として取り上げるのに適しているし，今日，そのような訴訟を金融取引関係訴訟から除外しては意味がない。商品先物取引関係訴訟も，商品先物取引法（昭和25年法律第239号の「商品取引所法」を平成21年法律第74号により改称）の適用を前提にしたもっぱら商品先物取引が問題となっている訴訟であるが，当該取引が金融商品取引として金融商品取引法の対象となっていないとしても，金融商品取引関係訴訟と同様に，金融取引関係訴訟から除外しては意味がない。金融商品販売関係訴訟は，本書で取り上げる預・貯金取引関係訴訟についてみると，金融商品の販売等に関する法律（平成12年法律第101号）の適用を前提にした訴訟であるが，貸金業法の適用を前提にした貸金業取引における金銭の融通が「与信」であるのに対し，預・貯金取引における金銭の融通が「受信」であるといった違いはある。しかし，金融の融通が直接的に問題となっている場合であるから，金融取引関係訴訟として取り上げる必要がある。また，本書では，金融商品販売関係訴訟として，信託取引関係も取り上げている。信託取引は，預・貯金取引ほどには金銭の融通が直接的に問題となっているわけではないが，利益の追求を目的とした信託財産の管理・運用は間接的には金銭の融通ということも可能であって，金融商品販売関係訴訟の一つとして取り上げるのに適

していると思われるからである。[4]

II 金融取引関係訴訟の問題状況

1. 実体法面からみた諸問題

　金融取引関係訴訟の問題状況の第1として，金融取引関係訴訟の抱える問題状況のなかでも，実体法面からみた諸問題を概観する。もっとも，実体法面からみた諸問題といっても，個別的，具体的な事案において，当該問題がどのように解決されているかを知ることが実務的には肝要であるところ，本書では，金融取引関係訴訟を個々の類型に分類して考察する各章において，それぞれ，実体法上の問題点が指摘されている。したがって，ここで概説するところは，各章の訴訟類型ごとにまとめられて論証されている問題点に比較すると，そう意味のあることではない。しかし，訴訟類型に共通する諸問題として，金融取引に係る特別の法規制については，ここで考察しておく必要があるし，その他の一般の法規制についても，ここで概観しておく意味はあると思われる。

(1) 特別法による法規制
　(a) 特別法の概要　金融取引関係訴訟の実体法面からみた諸問題を考察するうえで，第1に取り上げなければならないのは，特別法による法規制についてである。本書で取り上げる訴訟については，それぞれ特別法が制定されている。例えば，いずれも前記したとおりであるが，金融商品取引関係訴訟については，金融商品取引法，金融商品販売関係訴訟については，金融商品の販売等に関する法律，商品先物取引関係訴訟については，商品先物取引

---

[4]　金融商品の販売等に関する法律は，その対象となる金融商品として，同法2条1項4号で，保険契約（共済契約）を掲げているが，保険取引については，本書とは別に本シリーズで「保険関係訴訟」として取り上げられるので，本書では割愛している。

法，貸金業取引関係訴訟については，貸金業法，信販取引関係訴訟については，割賦販売法，特定商取引関係訴訟については，特定商取引に関する法律である。

   (b) **特別法による法規制の態様**　金融取引に係る特別法は，その法規制の態様を分析してみると，簡単な分類であるが，取引の内容（種類）に応じた法規制と，取引の方法（形態）に応じた法規制とに二分することができる。前者に属するのは，金融商品取引法，金融商品の販売等に関する法律，商品先物取引法，貸金業法であって，金融商品取引，金融商品の販売等，商品先物取引，貸金取引といった当該取引の内容（種類）を対象に，その法規制を図るものであるからである。これに対し，後者に属するのは，その対象となる取引の内容（種類）を特に限定することなく，当該取引の方法（形態）を規制するものであって，割賦販売法，特定商取引に関する法律は，そのような法規制を図るものといえる。

(2) 一般法による法規制

   (a) **一般法の概要**　特別法による法規制のほか，民法が，一般法として，金融関係取引に適用されることはいうまでもない。商法も，当該取引の主体が商人であれば，また，当該取引の性質が商行為であれば，その限度では，一般法として，金融関係取引に適用されるし，当該取引の主体が会社であれば，会社法も，商法と同様に，一般法として，金融関係取引に適用される。消費者契約法（平成12年法律第61号）も，金融関係取引が同法の規定する消費者取引に該当する場合においてであるが，一般法として，金融関係取引に適用される。[5]

---

5) 消費者契約法による法規制を一般法とみるか，特別法とみるかについては，異論も予想される。同法は，形式的な意義では，民法に対する特別法として位置づけられる。しかし，実質的な意義では，「第二の民法」と称する見解もあるように，事業者と消費者との間の契約，すなわち，消費者契約を対象とする包括的，具体的な民事立法であって，一般法という位置づけが可能であるし，適当であると思われる。したがって，本書で取り上げる金融関係取引も，消費者契約法の適用の対象となる消費者契約に該当すれば，当然に同法による法規制の対象となるのであるが，消費者契約法による法規制は，金融関係取引のみを対象したものではなく，金融関係取引からみれば，一般的な法規制にとどまる。その意味では，金融取引関

金融関係取引訴訟における問題点を検討するには，以上の一般法の適用による法規制を看過することはできない。

(b) **一般法による法規制の態様**　金融取引に対する一般法による法規制としてもっぱら問題となるのは，当該取引に係る契約の効力についてであるが，特に問題となるのは意思表示の瑕疵を理由とする契約の無効・取消しである。

民法は，この点について，当事者が意思能力を欠く場合の契約の無効を前提に，詐欺による契約（に係る意思表示）の取消し（民96条），強迫による契約（に係る意思表示）の取消し（民96条），錯誤による契約（に係る意思表示）の無効（民95条）を規定しているが，「第二の民法」というべき消費者契約法は，この点について，誤認による取消し（消費契約4条1項），困惑による取消し（同条3項）を規定している。消費者契約法が制定されるに至った経緯として，民法の規定する詐欺・強迫については，その要件が抽象的にすぎ，消費者の保護に十分ではないという指摘があった。その指摘を踏まえた消費者契約法の規定であるが，要するに，詐欺による取消しは，誤認による取消しと，強迫による取消しは，困惑による取消しという形で要件の具体化，客観化が図られているといってよい。[6]

なお，金融取引に係る契約の効力が問題となるのは，意思表示の瑕疵を理由とする場合に限られない。当事者ないし代理人又は代表者の能力及び権限の欠缺ないし制限を理由とする場合もあり得るところである。金融取引関係訴訟において一般的に問題となるものではないので，特に指摘しなかったが，民法，商法，会社法の適否として個別的に検討すれば足りるとしても，この点が問題となり得ることを看過してはならない。[7]

　係訴訟について民法の規定が適用される場合と基本的には同視することができる。もとより，消費者契約に該当しない場合には，同法による法規制の対象ではない。そこで，本書では，金融関係取引の特別法として消費者契約法を，したがって，金融取引関係訴訟の訴訟類型として消費者契約関係訴訟を除外することにした。

6)　もっとも，金融商品取引関係訴訟に適用される特別法においても，消費者契約法と同様な法規制が試みられているが，この点は，各章で取り上げる個々の訴訟類型において，その実体法上の問題点ないし手続法上の問題点として概説されるところに譲る。

2．手続法面からみた諸問題

　金融取引関係訴訟の問題状況の第2として，金融取引関係訴訟の抱える問題状況のなかでも，手続法面からみた諸問題を概観する。ここでも，実体法面からみた諸問題と同様に，手続法面からみた諸問題といっても，個別的，具体的な事案において，当該問題がどのように解決されているかを知ることが実務的には肝要であるところ，本書では，金融取引関係訴訟を個々の類型に分類して考察する各章において，それぞれ，実体法上の問題点のほか，手続法上の問題点が指摘されている。したがって，ここで概説するところは，各章の訴訟類型ごとにまとめられて論証されている問題点に比較すると，意味のあることではないかもしれないが，訴訟類型に共通する諸問題として，金融取引関係訴訟の審理内容と審理形態とを取り上げて考察しておくことは，なお意味があるのではないかと思われる。

(1)　審理内容——証明責任とその問題点

　金融取引関係訴訟については，前述のとおり，その法規制として特別法が制定されている。特別法が適用されるには，当該金融関係取引が当該特別法の適用要件を充足する場合でなくてはならないから，その適用要件をめぐる主張立証責任，すなわち証明責任が問題となることは避けられない。本書で取り上げる個々の訴訟類型においても，手続法上の問題点の一つとして指摘されている場合が少なくないはずである。手続法上の問題点として指摘がないとしても，それは，当該訴訟における手続法上の問題点として特に指摘するまでもない場合であるため，その指摘がないだけであって，一般的に問題となり得ないという趣旨はでない。

　特別法ではなく，民法のほか，商法ないし会社法あるいは消費者契約法が

---

7)　各章で取り上げる個々の訴訟類型においても，実体法上の問題点ないし手続法上の問題点として，本文記載の一般法の適否が問題となる場合がないわけではないが，この点についても，各章で概説されるところに譲る。

一般法として適用される場合にも，当該一般法の適用要件をめぐって証明責任が問題となり得ることはいうまでもないが，一般法の適用要件をめぐる証明責任は，金融取引関係訴訟に固有の問題ではない。本書で取り上げる個々の訴訟類型において，手続法上の問題点として，一般法の適用要件をめぐる証明責任が指摘されていないとすれば，それが固有の問題点として特に取り上げるまでもないことであるからであって，一般的に問題となり得ないという趣旨ではないことはいうまでもない。

(2) **審理形態──集団訴訟とその問題点**

　金融取引関係訴訟の特徴の一つとして，訴訟の集団化を指摘することができる。訴訟の集団化は，金融取引関係訴訟に限ったことではない。かねて公害訴訟，薬害訴訟などにおいてみられ，近時も，同種訴訟では集団化が当然の前提として提起されている状況にあるが，金融取引関係訴訟でも，当事者を事業者と消費者として図式化すると，消費者が事業者に対して提起する訴訟では，当該取引における問題点が消費者各自に共通するものである場合に，消費者各自が集団化して訴訟を提起する場合もみられる。

　特に，金融関係取引について消費者契約法が一般法として適用される場合には，同法第3章の規定する適格消費者団体による差止請求訴訟の提起も考えられるところである。[8]

　このような消費者団体が提起する場合も集団訴訟に含めると，従来の訴訟

---

[8] 既に貸金業取引関係訴訟の分野では，貸金業取引に係る契約が消費者契約に該当することを前提に，消費者団体が訴訟を提起している場合もある。例えば，①京都地判平21・9・30判時2068号134頁・判タ1319号262頁，②京都地判平21・4・23判時2055号123頁・判タ1310号169頁であるが，いずれも原告（適格消費者団体）の被告（貸金業者）に対する請求を一部認容する主文において，①判決は，「被告（貸金業者）は，消費者との間で建物賃貸借契約を締結するに際し，別紙一記載の内容の条項を含む契約の申込み又はその承諾の意思表示を行ってはならない。」と命じ，また，②判決は，「1　被告は被告が消費者と金銭消費貸借契約を締結するにあたって，別紙契約条項目録記載1の契約条項等，貸付金の最終弁済期日前に貸付金を全額返済する場合に，借主が返済する残元金に対し割合的に算出される違約金を負担するとの契約条項を含む契約の締結を停止せよ。　2　被告は別紙契約条項目録記載1の契約条項等，貸付金の最終弁済期日前に貸付金を全額返済する場合に，借主が返済する残元金に対し割合的に算出される違約金を負担するとの契約条項を含む借用証書の用紙を廃棄せよ。」と命じている。

が個別訴訟を前提に，関連事件を併合して処理してきたにとどまるので，訴訟運営が，併合訴訟であっても，個別訴訟として処理し得る範囲内で考えられきたのに対し，訴訟運営の変更を余儀なくさせるはずであるが，その在り方について検討するのは，本書の目的外であるので，問題点として指摘するにとどめる。

Ⅲ　金融取引関係訴訟の課題

1．実体法面からみた課題

　金融取引関係訴訟の実体法面からみた課題としては，特別法の制定によって，金融関係取引について，取引の内容といった面からも，取引の方法といった面からも，法規制が図られているところであるが，これを前提に，その法規制が，個々の訴訟類型における裁判規範として適用されるだけでなく，当該取引に係る行為規範として社会一般に定着することである。例えば，貸金業取引関係訴訟についてみれば，みなし弁済規定の適否をめぐる裁判例の集積にもかかわらず，結局は，みなし弁済規定の廃止といった事態に至ったが，健全な消費者金融の実現といった貸金業法の意義ないし目的に照らせば，歓迎されざる事態である。みなし弁済規定の廃止に代表される貸金業法の改正によって今後の消費者金融がどのように推移していくのか，その動向を見守る必要があるが，それとは別に，改正前の貸金業法の眼目であったといえるみなし弁済規定が裁判規範として適用されるのは当然として，貸金業取引の実際において，行為規範として，なぜ定着しなかったのか，その原因を追及することは，貸金業法だけでなく，その他の法律についても，裁判規範としての法にとどまらず，行為規範としての法として定着することを実現するために避けて通れない課題の一つである。[9]

---

[9]　筆者（滝澤）は，その見地から，「裁判規範としての判例から行為規範としての判例へ」と題する拙稿を発表したことがある（市民と法55号（2009）1頁）。

2．手続法面からみた課題

　金融取引関係訴訟の手続法面からみた課題としては，前述した問題点の解消のための裁判実務の確立に尽きるといっても過言ではない。しかし，本書で取り上げる訴訟類型のいずれの分野においても，審理内容についてみても，審理形態についてみても，現行法の適用を前提にした実務の工夫では，その解消に十分ではないように解されなくもない。例えば，審理内容についてみると，証明責任の帰属・分配を前提に，その主張立証を尽くすのに手続法的に十分な手当てがされているか否かといった面からみると，文書提出命令などによる方法が裁判実務として定着しているとしても，これで十分であるのか，なお検討が求められているように思われる。また，審理形態についてみると，現行の法制度が現に提起されている集団訴訟に根本的に対応し得るものであるか疑問なしとしないし，併合訴訟の応用として弥縫的に対応し得るとしても，その対応には限界があるはずである。[10]新たな対応を考える必要があるように思われるが，ここでも問題点を指摘するにとどまる。

---

10)　適格消費者団体による訴訟も，当該団体を当事者1名とみれば，個別訴訟の範疇に属するといえなくもないが，その提起した訴訟の問題点を解明するためには，主張も，立証も，その背後にいる多数の消費者に関係するものとならざるを得ないので，従来の個別訴訟の審理形態では対応し切れないところが出てくると思われるからである。

第1章

金融商品取引関係訴訟

I　総　説

　金融商品取引法の対象は，有価証券，みなし有価証券及びデリバティブ取引である。このうち，有価証券とは，同法2条1項に列挙されているものを指すが，以下では実務上最もよく見られる株式及び投資信託に関する取引を中心に検討し，デリバティブ取引についても最後に言及する。

　金融商品取引をめぐる訴訟態様には種々のものが考えられるが，多くは，同取引において顧客が被った損失等の賠償を請求する類型である（以下この類型を「取引損害訴訟」という。）。そして，このような請求の法的根拠（訴訟物）としては，①不法行為に基づく損害賠償請求，②債務不履行に基づく損害賠償請求及び，③取引（契約）の不成立，無効又は取消しに起因する不当利得返還請求が考えられる。これらは民法が法的根拠となるものであるが，その他に，金融商品取引法それ自体が根拠となるかが問題になり，それが肯定された場合，これら各規定の相互関係がさらに問題となる。また，③については，契約の無効又は取消原因として，民法の意思表示に関する規定（公序良俗違反，錯誤，詐欺等）のほか，消費者契約法上の規定も根拠とし得ることになるので，これら各規定の相互関係が問題になる。

　また，取引損害訴訟の一類型ともいえるものではあるが，金融商品取引業者により無断取引（売買）がされたとして，その無断取引相当額の賠償等を求める類型もある（以下この類型を「無断売買訴訟」という。）。この場合には，預

託金返還請求訴訟の形式をとることが多い。

　これらは，顧客が金融商品取引業者に対して提起する訴訟形態であるが，これとは逆に，金融商品取引業者が顧客に対して，取引に基づいて生じた差損金の支払を請求する類型もある（以下この類型を「差損金請求訴訟」という。）。これは，取引に基づいて発生した損失の補てん等を目的とするという点では，取引損害訴訟と密接な関連性を有するものであり，本訴・反訴といった形で，同一手続の中で審理判断されることも少なくない。

　以下では，これら各訴訟における実体法上及び手続法上の問題点を検討することになるが，各訴訟類型及び各訴訟の具体的要件事実（成立要件）に即して，違法性・損害・因果関係及び過失相殺等の実体法上の問題点を検討し，さらに手続法上の問題点も併せて検討する。

Ⅱ　取引損害訴訟

1．損害賠償請求訴訟

〔1〕　実体法上の問題点

　実体法上の問題点は，訴訟においてどのような訴訟物に基づいて請求するかによっても変わってくるところがあるが，どのような場合に，業者が負っているとされる義務に違反したといえるか，また，適正な取引ルールを逸脱したといえるかが中心的問題となり，その後に因果関係や損害の範囲が問題になってくるものといえる。

(1)　総論的検討

　不法行為に基づく損害賠償請求訴訟であっても，債務不履行に基づく損害賠償請求訴訟であっても，相手方の責めに帰すべき義務違反（債務不履行）

があったことが要件となる。金融商品取引業者等に課される行為規制は，私法上の義務として直接的に規定されているものではないが，これに違反した行為により顧客に損害が発生した場合は，その損害賠償請求を基礎づける義務違反の指標となることについては，今日ではほぼ争いがないといえる。

また，契約の無効・取消しに基づく不当利得返還請求訴訟において，民法あるいは消費者契約法上の無効・取消原因の存否が問題になる場合（例えば，重要事項の不告知や詐欺・強迫等が問題になる場合）は，不法行為や債務不履行に基づく場合と同様に，金融商品取引業者等の行為規制が違法性判断に当たっての指標となる場合がある。

そこで以下では，実体法上の問題として，かかる違法行為（違法性）の類型について検討を加えることとし，その後に損害，因果関係及び過失相殺に関わる問題点について検討することとしたい。

(2) **違 法 性**

(a) **説明義務違反**　金融商品取引法36条は，金融商品取引業者等並びにその役員及び使用人は，顧客に対して誠実かつ公正にその業務を遂行しなければならないとしており，このような誠実義務から，金融商品取引業者等には，投資勧誘や投資商品の販売に当たって十分な情報提供を行う義務があるということになると解される。このように，説明義務は，法律上は金融商品取引法から導き出すことができるが，他方，金融商品取引業者等と一般の投資家との間の情報の非対称性（これによって生じる顧客の業者に対する依存的関係）にかんがみて信義則上認められる義務であると説明することもできる。そして，このような情報の非対称性や顧客の業者に対する依存的関係からなぜ顧客に対する説明義務が発生するかについても様々な説明が可能と考えられるが，この点につき，①契約当事者間に情報力の格差がある場合，契約の締結に際して，契約自由の前提となる契約当事者間の自由な意思決定と情報力の平等さを回復するために情報提供義務（説明義務）が課される，②契約の拘束力あるいは自己決定に基づく自己責任を正当化するには，各自が自己決定できる情報環境が必要であるところ，情報力において劣位する顧客の自己決定を保障するために，情報力において優位する業者に説明義務が課され

る，③いわゆる専門家責任において，非専門家は専門家の専門的知見に依存せざるを得ないという構造的関係に立つのであり，専門家は，自らの知見・技能に対する信頼に応じるべく，その地位に基づく義務として，非専門家に対し説明義務を負う，などといった説明がされている[1]。これらの根拠論は，それぞれに対立・排斥しあうものとまではいえず，実際の訴訟における説明義務を具体的に定立するうえで，一定の有用な視点を提供しているものと考えられる。そして，金融商品取引法上の説明義務は，あくまで業法上要求される義務であることは疑いがないとしても，民事責任の根拠となる信義則上の説明義務と密接な関連性を有し，同義務違反の存否を認定するうえでの一つの有力な指標となり得るものと解される[2]。

このように，金融商品取引業者等の説明義務は，顧客の自己決定を保障するために課せられる義務という側面を有する。しかし，プロではない顧客と，プロである金融商品取引業者等との間には，金融商品取引に関する情報量やその分析力に格段の差があることは否定できない。このような観点から，取引勧誘時だけではなく，その後においても，金融商品取引業者等には，情報等の提供や適切な助言等を行うべき義務があるのではないかということが議論されるに至っている（いわゆる助言義務論[3]）。このような助言義務を一般的義務として認め得るか，また説明義務との関係をどのようにみるかなどについてなお議論があるところではある[4]。

---

1) 横山美夏「説明義務と専門性」中田裕康＝山本和彦＝塩谷国昭編・説明義務違反・情報提供義務をめぐる判例と理論〔臨増判タ1178号〕（2005）18頁以下。
2) 日本弁護士連合会消費者問題対策委員会編『金融商品取引被害救済の手引〔5訂版〕』（民事法研究会，2008）173頁。
3) 後藤巻則「金融取引と説明義務」中田ほか編・前掲注1）41頁。日弁連消費者問題対策委員会編・前掲注2）169頁は，「説明義務が，投資者が金融商品の商品内容や商品特性を理解するために情報提供を行うべき義務であり，提供すべき情報の内容は基本的に商品内容や商品特性に重点があるのに対して，助言義務は，取引の具体的局面において投資者の注意を喚起し，あるいは投資者がとるべき行動等について助言や情報提供を行うべきとする点に重点がある。」とする。なお，同書238頁は，助言義務が問題とされたケースとして，投資者自らが理解を欠いたまま不合理な取引に入ろうとしている局面と，投資者が金融商品購入後にその理解能力欠如のため損失を防止すべき適切な行動がとれないでいる局面の2つに大別できるとし，近時は一連の取引が継続的に行われていく過程における助言義務（指導助言義務）が注目を浴びるに至っていると指摘している。

次に，説明義務の内容・範囲については，金融商品の種類や取引形態によって様々なバリエーションが考えられるところではあるが，一般的にいえば，①当該金融商品の商品としての特性や取引の仕組み，②投資判断の前提としての当該金融取引に関するリスクの具体的内容・程度，③当該取引での顧客の金銭的負担の有無及びその内容（手数料や経費等）が説明すべき内容としてさしあたり考えられよう。また，説明の程度についても，顧客の経歴や取引経験等といった顧客側の事情と，説明に当たる金融商品取引業者等の事情を基礎に，顧客が理解できる程度に具体的に説明すべきと解されよう。

(b) **適合性原則違反** 適合性原則とは，金融商品取引業者等は，業務の運営の状況が「金融商品取引行為について，顧客の知識，経験，財産の状況及び金融商品取引契約を締結する目的に照らして不適当と認められる勧誘を行って投資者の保護に欠けることとなっており，又は欠けることとなるおそれがあること」（金融商取40条1号）に該当することのないように，その業務を行わねばならないとする原則をいう。これに反する行為に対しては，一定の監督上の制裁が科され得ることとなっているが（金融商取52条1項6号），さらに進んで私法上の義務違反の根拠となるかが従来問題とされてきた。しかしながら，この点については，最判平17・7・14（民集59巻6号1323頁・判タ1189号163頁）において，適合性原則に違反する勧誘行為は民法上の不法行為を構成するということで実務上の決着をみている。今後は，上記明文上の考慮要素及び上記最高裁判決を基礎に，当該金融商品の内容や取引の仕組み等を勘案して，投資者保護に欠ける（あるいは欠けるおそれのある）不適当な勧誘が行われたかを判断していくことになろう。

---

4) 後藤・前掲注3）42頁は，助言義務は一般的に認めることができる義務ではないが，勧誘する側の専門家としての評価が契約獲得と直結しているような契約では助言義務を負うと考えるべきとする。

5) 清水俊彦『投資勧誘と不法行為』（判例タイムズ社，1999）220頁以下に，投資勧誘における説明義務違反の有無を判断する際の考慮要素が列挙されており，参考になる。

6) 川村正幸編『金融商品取引法〔第3版〕』（中央経済社，2010）388頁は，適合性の原則が市場の公正な価格形成機能を制度的に保障するものであるとしたうえで，金融商品取引業者等が，ある金融商品がある顧客に適合するか否かを判断するためには，①当該金融商品の特性と②当該顧客の知識，経験，財産の状況及び投資目的を金融商品取引業者等が熟知している必要があるとする（金融商品又は顧客に関する熟知義務）とし，適合性原則は，かかる熟

(c) **断定的判断の提供の禁止**　金融商品取引業者等は，顧客に対し，不確実な事項について断定的判断を提供し，又は確実であると誤解させるおそれのあることを告げて金融商品取引契約の締結の勧誘をする行為をしてはならないとされている。これに違反した場合は，行政監督上の処分対象となることはもとより（金融商取52条1項6号），私法上の義務違反の根拠となることは前述(b)の場合と同様である。また，断定的判断の提供は，消費者契約法上の取消原因になることも注意を要する（消費契約4条）。

(d) **過当取引**　金融商品取引において金融商品取引業者等が，金額・回数において過当な取引を行うことをいう。金融商品取引法36条は，前述のとおり顧客に対して誠実公正に業務を遂行する義務を定め，同法40条2号にいう「業務の運営の状況が公益に返し，又は投資者の保護に支障を生ずるおそれがあるもの」の一場合として，金融商品取引業等に関する内閣府令123条3号が，「著しく不適当と認められる数量，価格，その他の条件により，有価証券の引受けを行っている状況」を定め，金融商品取引業者等は，このような状況に該当することがないように業務を行うべきこととなっている。過当取引は，このように不適当な取引からの顧客の保護という側面を有するものであるから，これに違反した場合は私法上も違法となるものというべきであり，これまでも，かかる解釈を前提に裁判例が多く出されている。そして，過当取引か否かの判断要素として，①取引の過当性，②口座支配性，③顧客の利益の無視，といった点から判断すべきとする見解もある。[7]

(e) **一任売買**　一任売買（一任勘定取引）とは，顧客の個別の取引ごとの同意を得ずに，金融商品取引業者等が，売買の別，銘柄，数又は価格の一つでも定めて，顧客の計算で行う取引をいうとされている。金融商品取引法では，一任勘定による投資一任業務は投資一任契約によることとしているが（金融商取2条8項12号ロ），金融商品取引業者等がかかる投資一任契約とは無関係に，顧客から取引の一任を取り付け，これに基づいて違法な取引を行う場合は，顧客に対する誠実公正義務の観点から，なお問題になり得る類型で

　　知義務が尽くされた後に機能するものであるとしている。
　7）　日弁連消費者問題対策委員会編・前掲注2）222〜226頁参照。

ある。

(f) **無断売買** 金融商品取引は，顧客の個々の判断に基づいて行わなければならない。したがって，あらかじめ顧客の同意を得ることなく，当該顧客の計算により金融商品取引をすることは禁止されている（金融商取38条6号，金商業等府令117条1項11号）。無断売買に基づく預託金返還請求訴訟については後述（3参照）するが，損害賠償請求訴訟においても責任原因の一つとなる。もっとも，株式等の無断売買（信用取引）の事例において，無断売買の結果生じた手数料，利息，売買差損などに相当する金員を顧客の信用取引口座から引き落とす旨の会計処理がされていたとしても，上記無断売買の効果は顧客に帰属せず，上記処理は顧客が証券会社に対してする委託証拠金，売買差益金などの返還請求権に何らの影響を及ぼすものではないから，顧客に上記金員相当の損害が生じたものということはできないとした裁判例がある[8]。

(g) **手仕舞義務，損害拡大防止義務違反** 手仕舞いとは，信用取引・先物取引等の金融商品取引において，新規に金融商品の売り又は買いをしている場合に，これと反対の売買をして決済することをいうとされている。金融商品取引業者等は，顧客からの手仕舞いの指示があった場合には，それを行う義務があると解されている[9]。

(h) **無意味な反復売買** 前述した過当取引の一類型といえるものであるが，金融商品取引業者等が，顧客からの手数料獲得を目的として顧客の利益にならない売買を反復継続して行う場合をいうとされている。証券会社が顧客に対して勧誘を行う際には，当該顧客の知識・経験，投資目的，資金力に照らして，不適切に多量・頻繁な投資活動に勧誘し，自己の利益を図ってはならないという義務を負っているとし，上記取引につき，過当なもので証券会社の利益を図ったものと推認せざるを得ないとした裁判例がある[10]。

(i) **確実性誤解告知** 断定的判断の提供があったとまでは認定できない

---

8) 最判平4・2・28判時1417号64頁・判タ783号78頁。
9) 最判昭50・7・15判時790号105頁・金判1477号11頁。
10) 大阪地判平18・4・26判時1947号122頁・判タ1220号217頁。

が，それに準ずるようなもの，すなわち，顧客の的確な投資判断を阻害する内容を告知することをいうとされている。この点，株式取引の事案につき，証券取引の勧誘に当たって，価格が騰貴し，又は下落することの断定的判断を提供したり，証券取引につき，重要な事項について虚偽の表示や誤解を生じさせる表示をすることは，投資者の冷静な判断を誤らせる危険が大きく，投資者の自己責任の原則の基礎を損なうものであるから，このような方法による勧誘行為は不法行為を構成するというべきであるとしたうえ，本件においては投資者の自由な意思決定を妨げるに足る態様のものであったとして，本件での勧誘行為は不法行為に該当するとした裁判例がある。[11]

(3) 因果関係

(a) **総論** 不法行為に基づく損害賠償請求訴訟の場合，[12] 損害賠償請求をする顧客は，違法行為と損害発生との間の因果関係の存在を主張立証する必要がある。この因果関係はさらに，①違法な勧誘行為と取引成立との間の因果関係の存在，及び②取引成立と当該取引に係る金融商品の価格相場下落による損失発生との間の因果関係の存在，に大別されるが，②の認定判断は比較的容易であり，多くの事案で問題になり得るのは①の場合と考えられる。[13] 例えば，ある金融商品取引の勧誘において説明義務違反が問題になっている場合，①の因果関係の問題は，当該金融商品取引の仕組みや危険性等に関する説明義務違反と上記取引との間の因果関係ということになる。もっとも，①の因果関係が認められないということは，換言すれば，義務違反（違法な勧誘）が認められたときに，それが顧客の取引に対する意思決定や投資判断にまったく影響を及ぼさなかったということであると考えられるが，このような事態が実際上あり得るかは疑問がある。この点，断定的判断の提供と取引との因果関係の存否が争われた事案において，原審が損失補償合意の存在から因果関係を否定したのに対し，上告審が，断定的判断の提供と損

---

11) 大阪地判平 5・10・13判時1510号130頁。
12) 契約無効又は取消しを原因とする不当利得返還請求訴訟の場合の，利得と損失との因果関係についても，同様の議論が妥当するのではないかと思われる。
13) 清水・前掲注 5 ）243頁。

失補償の約束は互いに排斥するものではなく，特別な事情がない限り，断定的判断の提供と取引との間には因果関係があるとしたものが参考になろう。[14]

(b) 損害の拡大と因果関係の認定 違法な取引勧誘がされたが，その後に顧客が取引についての理解を得るに至ったが，その後も当該商品を保持し続けたことで損害が拡大したという場合，当初の違法な勧誘と（最終的な）損害との間に因果関係が認められるかという問題である[15]。この点につき，損失が生じていない段階で顧客が自己責任による投資判断をするに至り，かつ，自己の判断と責任においてあえて当該取引の継続を望んだというような特別な事情がない限り，拡大した損害について，因果関係を否定することは許されないとする見解があり[16]，自己責任による投資判断ができた時期の認定が一般的には困難であることなどからすると，上記のような場合に一般的・定型的に因果関係を否定すること（中断を認めること）は躊躇される。むしろ，この点については，拡大損害も含めた顧客の損失を，顧客と業者のどちらがどの程度負担するのが適切かという観点に立ち，過失相殺の規定の拡張適用などの理論構成で因果関係の（部分的）否定と同様の結論を導き出していくことが，公平妥当な結論を得ることにつながるのではないかと思われる。

(4) 損 害

(a) 支出説と差損説 不法行為に基づく損害賠償請求（債務不履行に基づく場合も同様と考えられる。）における「損害」とは，一般に，当該不法行為がなければ被害者が有していたであろう利益と，不法行為がされたために被害者が現に有している利益の差額であるとされている（差額説）。この立場を前提とした場合，有価証券取引における損害をどのように捉えるかについては，購入代金全額であり，これを支出した時点で損害が発生するという考え方（支出説）[17]と，購入時の支出から，既に顧客が受領したり又は受領し得べき額

---

14) 最判平9・9・4民集51巻8号3619頁・判時1618号3頁・判タ956号149頁。
15) 拡大損害部分に関する因果関係の切断の問題と言い換えてもよいであろう。
16) 日弁連消費者問題対策委員会編・前掲注2）121頁。
17) 支出説に立った場合，既に顧客が当該証券を売却している場合の売却代金や，顧客が保有している有価証券の時価等は損益相殺の対象になると考えられる（日弁連消費者問題対策委員会編・前掲注2）125頁）。

を控除した差額であるとする考え方（差損説）とがあるとされている。裁判例では，確定的な見解というものはないようであり，証券事件では差額説によるものが多いという見解や[18]，問題となる取引につき，商品先物取引のような継続的取引と，株式やワラント取引等の一回性の取引とに分けたうえで，いずれの場合においても差損説が妥当ではないかと示唆する見解もある[19]。理論的にはいずれの見解も優劣をつけがたいところがあると思われ，一概に決しがたいところがあるが，過失相殺が多くの事案でされている現状や，処理の簡明さからすれば，差損説が妥当ではないかと思われる[20]。

(b) **損益相殺** 継続的な金融商品取引（一回性の取引が反復継続して行われている場合も同じ。）において，個々の取引をみると利益が生じていたとしても，取引全体を一体としてみて通算した場合には損害が発生している場合がある。このような場合は，上記利益相当額については賠償すべき損害から控除すべきではないかということがここでの問題である。まず，一体としてみた取引のうち，利益部分を除外して損失部分のみを合計して損害賠償請求をした場合，利益相当額の部分を損益相殺すべきことについてはおそらく異論がないところと思われる[21]。問題は，①個別の取引の違法性が問題となっている場合において，違法とされていない取引の利益について損益相殺ができるか，また，②多数回の取引のうち一定時期からの取引のみが違法であるとされる場合に，それ以前の違法でない取引の利益について損益相殺できるかという点である。この点，いずれの場合も原則として損益相殺を否定すべきという見解もあるが[22]，①の場合は，取引の個別性ということをどこまで強調できるのか，検討の余地があると思われるし，また，②の場合についても，従前は適正規模の取引がされていたが，一定時期が経過した後に過当取引がなされるようになったというような事案であれば，損益相殺を否定することは

---

18) 日弁連消費者問題対策委員会編・前掲注2）125頁。
19) 清水・前掲注5）76頁。
20) 清水・前掲注5）76頁。
21) 日弁連消費者問題対策委員会編・前掲注2）129頁。訴訟実務的には，利益部分を控除して損害額を当初から算定し，その額を請求額としていることが多いように思われる。
22) 日弁連消費者問題対策委員会編・前掲注2）129頁。

相当と考えられるが，それ以外の違法行為の類型においても直ちに損益相殺が否定されるかについては，なお検討の余地があるように思われるところである。[23]

(5) 過 失 相 殺

取引損害訴訟では，不法行為構成又は債務不履行構成を採った場合，顧客の請求を認容した事案の大半において過失相殺がされている。[24] 過失相殺事由をみると，顧客の経歴，取引経験，説明書による取引の危険性理解の機会の有無，早期の手仕舞いその他損失拡大防止の可能性などの種々の要素が挙げられている。[25] また，金融商品取引における自己責任の観点を強調又は重視すれば，過失相殺割合が相対的に大きくなる側面もあるように思われる。もっとも，これまでの裁判例の中で，過失相殺事由として挙げられていたものの中には，金融商品取引業者等の行為の違法性の程度を問題にするもの[26]や，違法行為と損害発生との因果関係の問題に位置づけられるものを過失相殺事由として位置づけているものもみられるところであり，過失相殺制度の本来の適用のあり方とは異なった形になっているのではないかと思われるところである。[27] もっとも，金融商品取引における違法行為により生じた損害を，顧客と金融商品取引業者等の間でどのように分担するかという観点から考えた場合，過失相殺制度を媒介として上記分担の適正化を図るというのは，必ずしも不当とまではいいがたいように思われる。結局，過失相殺を肯定するにせ

---

23) 清水・前掲注5) 82頁は，②の場合における損益相殺を肯定している。
24) 日弁連消費者問題対策委員会編・前掲注2) 552頁以下の一覧表参照。
25) 清水・前掲注5) 79頁。また，日弁連消費者問題対策委員会編・前掲注2) 135頁は，裁判例における過失相殺の根拠として，投資者の社会的地位，資力などのほか，①投資者の取引経験と証券取引に対する姿勢，②当該取引の勧誘から実損の確定に至るまでの投資者の行動，③違法性の程度の強弱が挙げられているとする。
26) 例えば，説明義務違反が問題になっている場合の，業者による説明の具体的程度といったことは，顧客側の過失相殺事由として位置づけるのは不適当ではないかと思われる。
27) 清水・前掲注5) 80頁は，「（金融商品取引における）過大な危険の負担について勧誘者と顧客は競合して関わっているとみるべきであって，業者の賠償すべき損害とは，そのうち勧誘者の寄与の度合いに対応する部分であるという見方も可能であろう。」とするが，妥当な見解であると思われる。

よ否定するにせよ、訴訟においては、それを基礎づける事情につき、具体的事案に即した的確な事実を互いに主張立証することが肝要であると思われる。[28]

> 〔2〕 手続法上の問題点
>
> 手続法上の問題点は、当事者双方がどのような点について主張立証責任を負っているかということを出発点として、この種の取引に特有の専門性等を考慮してどのように的確な争点整理を行うか、また、的確な事実認定を行うかということが中心的課題となる。

(1) 総説（訴訟物の選択）

金融商品取引の顧客が、金融商品取引業者等の不当勧誘により損害を受けた場合、これを回復するための法律構成としては、前述のとおり、不法行為又は債務不履行に基づく損害賠償請求、あるいは（民法又は消費者契約法による契約取消しに基づく）不当利得返還請求訴訟が考えられる。そして、これまでの裁判実務においては、不法行為又は債務不履行に基づく損害賠償請求、特に不法行為に基づく損害賠償請求が主流となっている。[29]

債務不履行構成によった場合、顧客に有利になる点としては消滅時効期間がある（債務不履行であれば権利を行使し得るときから10年であるのに対し、不法行為

---

28) 日弁連消費者問題対策委員会編・前掲注2）134頁以下に、過失相殺事由の主張立証の工夫についての記載がある。
29) 不法行為構成の場合、金融商品取引業者等に対して使用者責任（民715条）に基づく請求をする事案が多い。この場合、勧誘等を担当した社員に対しても一般不法行為（民709条）に基づく請求をあわせて行う場合が多い。不法行為構成が主流となる理由として、日弁連消費者問題対策委員会編・前掲注2）103頁は、「不法行為構成は要件の柔軟さゆえに受け皿が広く、勧誘段階からの複数の違法要素を対象とした『合わせて一本』ともいうべき一連一体の違法の構成や、継続的取引における『全体として違法』の結論を導くに適している点にあると思われる。」としている。前述のとおり、不法行為構成を採った場合には、使用者責任等の明文規定を用いて、金融商品取引業者等と担当社員双方に対して請求できるという点がメリットとして指摘し得るであろう。

であれば損害及び加害者を知ったときから3年となる。)。この点,大阪地判平11・3・30(判タ1027号165頁・金法1558号37頁)は,株式投資信託及びワラントの取引の事案において,説明義務違反を認め,これを債務不履行の責任原因としてその時効期間を10年とし,顧客の損害賠償を認めている。[30]しかしながら,債務不履行構成によった場合は,過失相殺事由があれば必要的に過失相殺がされてしまうこと(民418条),[31]遅延損害金の起算日が不法行為構成の場合と比べて後になってしまうこと(不法行為構成であれば行為時からであるが,債務不履行構成の場合は請求後となる。),弁護士費用について,債務不履行の場合は相当因果関係の範囲内の損害とは認められない可能性があることといった問題がある。また,さらに根本的な問題としては,金融商品取引業者等が負うとされる「債務」とはいったい何なのか,また,それがどのような根拠で認められるのかといった点について議論を詰めておく必要があると思われること[32]などからすると,債務不履行構成は魅力的ではあるものの,実務的にはなお検討を要する点があると考えられる。[33]

(2) **主張立証責任の構造(1)──不法行為構成の場合**

 (a) **請求原因事実とその内容**　不法行為に基づく損害賠償請求(民709

---

30) この判決の事案は,株式投資信託購入から約8年,ワラント購入から約7年を経過した後に訴訟提起したものであり,不法行為構成を採った場合は消滅時効にかかるというものであった。なお,この事案では商法上の短期消滅時効(商522条)の適用も問題になったが,同判決はこれを否定し,控訴審判決もこれを支持している(大阪高判平12・5・11証券取引被害判例セレクト16号224頁)。

31) もっとも,不法行為構成によった場合に,過失相殺事由があるにもかかわらず裁量により過失相殺をしなかったという裁判例は見当たらなかったから,この点に関する差異はそれほど大きな意味をもたないともいえる。

32) 近時は,取引受託者の義務として,「信認義務」を肯定すべきという見解が出されている(日弁連消費者問題対策委員会編・前掲注2)109頁参照)。信認義務(fiduciary duty)とは,信託契約のように「他人の財産を管理する者」は顧客の利益を最大限に図る義務があるとしてアメリカなどで認められたものであるとされ,投資取引の場合もかかる信認義務が認められるとする。

33) 債務不履行構成を評価する見解として,山下友信「証券会社の投資勧誘」河本一郎先生還暦記念『証券取引法大系』(商事法務研究会,1986)340頁,松岡久和「商品先物取引と不法行為責任──債務不履行構成の再評価」ジュリ1154号(1999)10頁,三木俊博「債務不履行構成の試み──不法行為から契約法域への転換」先物取引被害研究5号(1996)23頁がある。

条)の請求原因事実は，一般的には，
① 原告が一定の権利又は法的に保護された利益を有すること
② ①の権利や利益に対して被告が違法な加害行為をしたこと
③ ②の加害行為が被告の故意又は過失に基づくこと
④ 原告に損害が発生したこと及びその数額
⑤ ②の加害行為と④の損害発生との間に因果関係があること

である。これを，取引損害訴訟でみると，[34]
① 顧客が一定の権利又は法的に保護された利益を有すること
② ①につき，金融商品取引業者等が，顧客に対して，故意又は顧客に対する法的義務違反（過失）に基づき，その権利又は利益を侵害する行為（作為又は不作為）をしたこと
③ 顧客に損害が発生したこと及びその数額
④ ②と③との間に因果関係があること

の4要件が必要になるものと解される。そして特に，②の法的義務違反の存在を基礎づける事実，③の損害の数額及び④因果関係の3点が訴訟における中心的事実となる。

なお，②の法的義務違反の事実については，法的義務違反そのもの（例えば説明義務に違反したこと）が要件事実（主要事実）となるとする見解と，法的義務違反を基礎づける（推認させる）具体的事実が要件事実（主要事実）になるという見解との対立があるが，ここでは後者の見解を前提として検討する。

(b) 抗弁事実とその内容 　抗弁事実は，前記請求原因事実と両立する関係に立ち，かつ，請求原因事実から発生する法的効果を覆滅させる効果を有する事実である。これを有価証券取引に関する損害賠償請求訴訟についてみると，主として以下のようなものが想定できる。

㋐ 法的義務違反の不存在を基礎づける事実[35] 　義務の存在を前提としつつ，これを適正に履行した事実（説明義務違反を基礎づける主張に対し，十分な

---

34) 加藤新太郎＝細野敦『要件事実の考え方と実務〔第2版〕』（民事法研究会，2006）345～346頁。
35) 法的義務違反を基礎づける事実（請求原因事実）に対する反証事実と位置づけることも可能であるが，ここでは被告が主張立証責任を負う抗弁として位置づけている。

説明がされたことを基礎づける事実，あるいは適合性原則違反の主張に対し，適合性があることを基礎づける事実）などが考えられる。

　(イ)　**過失相殺を基礎づける事実**　被告である金融商品取引業者等は，原告の過失を基礎づける事実について主張立証することができる。[36]

　(ウ)　**監督義務等の履行又は不存在（使用者責任に対する抗弁）**　使用者は，被用者の選任及び事業の監督につき相当の注意をしたことを証明したときは免責される（民715条1項ただし書前段）。また，使用者が相当の注意義務を尽くしても損害の発生を避けられなかったときも，使用者は損害賠償責任を負わない（同項ただし書後段）。したがって，被告である金融商品取引業者は，(i)監督義務者として被用者の選任及び事業の監督につき相当の注意をしていたことを基礎づける事実，又は，(ii)監督義務違反と損害の発生との間の因果関係の不存在を基礎づける事実を抗弁として主張立証することができる。[37]

　(エ)　**消滅時効・除斥期間**　不法行為に基づく損害賠償請求権は，被害者又はその法定代理人が損害及び加害者を知った時から3年の経過により消滅し，不法行為時から20年経過したときも同様であるとしており（民724条），判例は，前者は消滅時効を，後者は除斥期間を規定したものと解している。[38]したがって，前者の消滅時効を抗弁として主張する場合は，(i)原告（又はその法定代理人）が損害及び加害者を知った日から3年が経過したこと，(ii)被告が消滅時効を援用する旨の意思表示をしたことを主張立証する必要がある。また，後者の除斥期間を抗弁として主張する場合は，被告の不法行為のされ

36）　過失があることを推認させるような事実の主張があれば足り，過失を斟酌すべき旨の主張は不要であるとするのが判例（大判昭3・8・1民集7巻648頁）であるが，実務上はかかる主張が明示的にされている事案が多い。また，過失を基礎づける事実について，当事者による主張は不要であり，仮に主張がなくとも裁判所が職権で斟酌できるとする判例もあるが（最判昭43・12・24民集22巻13号3454頁・判時547号37頁・判タ230号170頁），実務上は，当事者から主張がされていない場合に，裁判所が職権で斟酌するという場面はそれほど多くないのではないかと思われる。主張するか否かについて不明確な場合などは，裁判所から釈明権が行使され，その結果この点が明確になる場合が多いであろう。

37）　もっとも，取引損害訴訟で，かかる抗弁が認められた裁判例は見当たらなかった。

38）　最判平元・12・21民集43巻12号2209頁・判時1379号76頁・判タ753号84頁，最判平10・6・12民集52巻4号1087頁・判時1644号42頁・判タ980号85頁。

た日から20年が経過したことを主張立証する必要がある。

(3) 主張立証責任の構造(2)——債務不履行構成の場合
 (a) **請求原因事実とその内容**　債務不履行に基づく損害賠償請求の場合，金融商品取引の場面では，被告業者が負っている義務の履行が十分でないことを理由にするものが多いと考えられる。これは，被告業者の義務の不完全履行の一場合といい得ることから，これに即して請求原因を検討する必要がある。そして，不完全履行に基づく損害賠償請求の場合の請求原因としては，一般的には，

① 契約の成立
② 債務者の契約上の義務違反の存在
③ 債務者の帰責事由の存在
④ 義務違反の違法性
⑤ 損害の有無及びその数額

ということになると思われる。これを取引損害訴訟に即して検討すると，その要件事実は，

① ある金融商品に関する取引契約が成立したこと
② 債務者である業者が，①の取引契約上の義務に違反する行為をしたこと[39]
③ ②の違反行為が，債務者の責に帰すべき事由に基づくものであること
④ ②により，顧客が損害を受けたこと及びその数額

ということになるものと思われる。このように考えると，上記②及び③の事実は，不法行為構成における過失の証明とほとんど重なるものであるから[40]，主張立証責任の観点でみる限り，不法行為構成と債務不履行構成との間には大きな差異は認められないというべきであろう。

 (b) **抗弁事実とその内容**
　(ア) **義務履行を基礎づける事実**　義務違反を基礎づける事実に対する

---

39) 厳密には，義務違反を基礎づける具体的事実の存在ということになる。
40) 倉田卓次監修『要件事実の証明責任（債権総論）』（西神田編集室，1986）131頁。

抗弁として，被告業者としては，義務履行を基礎づける事実（説明義務の履行，適合性の存在，売買の際の委託の存在等）について主張立証することができるものと解される。

　(イ)　**過失相殺を基礎づける事由の存在**　　過失相殺事由が認められれば，債務不履行の場合は必要的に斟酌されることになる。

　(ウ)　**消　滅　時　効**　　履行を請求し得るときから10年経過し，かつ，消滅時効を援用する旨の意思表示があれば，損害賠償請求権は消滅することとなる（民166条1項）。

(4)　訴訟進行・運営上の留意点

　(a)　**訴状，答弁書，準備書面の記載**　　訴状には，請求の趣旨及び（特定方法としての）請求原因のほか，請求を理由づける事実（攻撃方法としての請求原因事実）を具体的に記載し，かつ，立証を要する事由ごとに，当該事実に関連する事実で重要なもの（重要な間接事実）及び証拠を記載しなければならない（民訴規53条1項）。また，答弁書には，請求の趣旨に対する答弁を記載するほか，訴状に記載された事実に対する認否及び抗弁事実を具体的に記載し，かつ，立証を要する事由ごとに，当該事実に関連する事実で重要なもの及び証拠を記載しなければならない（民訴規80条1項）。そして，これらの点は準備書面においても基本的に同様である（民訴規79条1項）。このようなことからすれば，取引損害訴訟においては，前述した請求原因及び抗弁に即した具体的主張を訴状等に記載する必要がある。具体的には，訴訟物を明記することは当然として，不法行為訴訟であれ債務不履行訴訟であれ，①業者の義務の発生根拠となる，当該取引の具体的仕組み及び取引経過に関する具体的事実関係，②義務違反を示す具体的行為[41]（作為か不作為か等），③損害の発

---

41)　通常は，当該訴訟で問題になる金融商品取引業者等の義務を列記し，それぞれについて具体的事実を記載するという体裁のものが多い。これはこれで一応問題はないといい得るが，事案によっては主張が総花的あるいは散漫なものになったり，様々な義務違反を多数主張することで，書面の分量がいたずらに多くなって，かえって事案の的確な理解を妨げてしまう場合がないとはいえない。当事者心理として，いろいろな主張を出しておきたいという気持ちは理解できなくはないが，義務違反については，可能な限りメリハリをつけることや，総

生及びその数額,及び④②と③との因果関係を基礎づける事実といった点を中心に記載することが必要になろう。特に,①については,取引内容の専門性が強い場合には,その仕組みをわかりやすく説明することが必須といってよいであろう。そして,答弁書や被告の準備書面においては,訴状の各記載を前提に,認めるべき点と争うべき点とをきちんと区別できるように明確な認否を行い,事実認定あるいは法律上の争点を浮き立たせるようにすべきである。

(b) **争点整理** 争点整理においては,前記(a)の①から④の各点について,当事者の主張を整理していくことが中心となる。特に,①の取引の仕組み及び取引の経過については,義務違反の存否を検討するうえで最も重要な基礎事実となるものであり,かつ,専門性が強く,理解が必ずしも容易でない部分があるから,この段階で的確かつ丁寧に事実関係を整理しておく必要がある。実務上は,先物取引などにおいて,顧客である原告側から,取引経過に関する一覧表等が訴状あるいは準備書面に添付して出されることもあり,的確な争点整理に寄与している点が多い。

また,説明義務違反の場合,多くの場合は,説明は一応されたが不十分であったという場合が多いであろうから,どのような点が不十分であったかを,当該金融商品の特性(特にリスクとされる部分)や当該取引の仕組みと関連づ

論的部分と個別事案への適用部分をきちんと連携させた形で記載することなどが必要と考える。なお,取引経過等の具体的事実関係の主張は義務の発生原因そのものであるから,詳細に行う必要がある。

42) 損害の費目(取引損,慰謝料,弁護士費用等)ごとに記載を分け,わかりやすくする必要があることは当然である。

43) 実務上ままみられるのは,問題となった取引それ自体の危険性に関する一般的主張にスペースを割きすぎ,肝心の具体的取引経過や義務違反の内容についての主張が不十分とみられるケースである。取引の仕組みを詳しく説明し,その中から危険性を浮き立たせようという意図であろうが,取引それ自体の危険性ということから,金融商品取引業者等の義務違反が直ちに導き出されるものではないことは自明のことと思われるので,注意が必要であろう。

44) 争点整理手続のメニューの中からどれを選択するかは,事案の内容,当事者の意向,社会的注目の程度といった諸要素を考慮して決めることになろう。実務上は弁論準備手続が多く利用されているように思われる。取引の仕組み等についてある程度時間をかけて説明を受ける場合には,弁論準備手続が適している場合が多いであろう。

45) 裁判所としても,取引の仕組みが十分理解できないというのであれば,争点整理の席上でその旨明確に述べて,当事者から時間をかけて説明してもらうことが必要であろう。

けながら主張する必要があろう。これに対し，被告業者側としては，説明内容が顧客の理解を得るうえで十分なものであったことを基礎づける事実や，説明内容が合理的根拠に基づくものであったことなどを主張立証していくことが必要になるものといえる。また，過当取引や一任売買が問題になっている場合には，それを基礎づける事実関係，特に過当や一任とされるメルクマール[47]を意識した主張が必要になる場合がある。

(c) **書証及び人証**　取引損害訴訟での書証として重要なものと考えられるのは，取引の契約書及びそれに先行する説明等の際に用いられた説明書，パンフレット，取引に関する顧客の同意書，売買に関する報告書といったところであろうと思われる。特に，当該取引当時に実際に顧客に渡されたこれら文書を顧客が保存しているというのであれば，その原本の証拠調べは必須といってよいであろう。また，説明義務違反の存否が問題となっている事案において，説明を担当した金融商品取引業者等の社員が，その場で説明のために記載して顧客に渡したメモ，日誌，メールなどは，その場での説明の程度を知るうえで有力な書証となる場合があるし，後に予定される人証尋問の際のよい手がかりになる場合もある。また，この種の取引はある程度継続的に行われる場合が多いから，その途中でのやり取りを記載したメモ，日誌，メール等があれば，これも有力な書証となる場合があろう。争点整理に当たっては，これら証拠価値が高いと思われる書証をできるだけ早期に提出させ，これに基づいて主張を整理し，後の人証尋問の範囲や内容を適切なものにすることが肝要である。

人証については，上記のような観点から整理された争点をもとに，必要な

---

46) 業者の勧誘や説明内容が合理的な根拠を欠く場合，そのような勧誘や説明は違法となるというべきである（合理的根拠の法理）。誠実公正義務又は説明義務の一つの現れということができる。合理的根拠の法理及び裁判例については，日弁連消費者問題対策委員会編・前掲注2) 189頁以下参照。

47) 過当取引のメルクマールとして，①取引回数が多くかつ大量であること（証券保有期間が短期の場合や1年間の売買回転率が高い場合を含む。），②証券会社が当該口座における投資判断を行い，取引を主導していること（口座支配性），③顧客の利益を無視して証券会社の業績を上げること（手数料稼ぎ等）を意図していたことが挙げられている（川村編・前掲注6）405～406頁，川崎直人「証券取引」伊藤滋夫総括編集『民事要件事実講座(3)民法Ⅰ（債権総論・契約）』（青林書院，2005）522頁）。

人証を取り調べるということになる。そして，一般に取引損害訴訟においては，説明等を担当した社員と顧客本人の2名に対して尋問を行うという例が多いように思われる[48]。特別な事情等がない限り，人証採用が決定する前後に，尋問予定者から陳述書が作成・提出され，これに基づいて実際の尋問が行われることが多い[49]。

 (d) 事実認定上の留意点

  (ｱ) 義務違反等の有無の認定　　被告業者の義務違反の有無を認定するに当たっては，当該金融商品の内容，目的，取引の仕組み，特にリスクの有無及びその内容，顧客の属性，取引の具体的経過，取引前後の顧客と業者の言動といった諸要素を前提に，それぞれの場合において被告業者に要求される義務を具体的に確定し，これに基づいて義務違反の有無を判断する，という構造になるものと思われる（前述した各裁判例も，おおむねこのような枠組みを前提として判断しているものとみられる。)。特に，説明義務違反の有無については，当該取引時における顧客及び業者の言動のみならず，顧客の投資経験の有無及びその内容，業者と顧客との接触状況や契約成立後の取引経過等の諸般の事情を総合して判断すべきものである。また，断定的判断の提供の有無や適合性原則違反の有無についても，説明義務の場合と同様に，諸般の事情を総合して判断すべきものといえる。このように，義務違反等の有無の判断は必ずしも容易なものではないが，裁判所としては，それまでの争点整理によって争いがない，あるいは証拠上動かしがたい事実として確定したものを基礎にして，その他の証拠が上記のような動かしがたい事実と矛盾しないか，事案の流れに照らして不自然な点がないかをよく調査して，問題になっている義務等の基礎となる事実を確定し，それに基づいて当該義務の内容や範囲

---

48) 特に説明義務違反の存否が問題になっている事案では，説明の具体的内容が問題になることが多く，これについて人証以外の決定的な証拠があるという場合は少ないから，自ずと人証尋問が行われる可能性が高いといえる。なお，証拠調べの実施方式は，多くが1期日ないし2期日で終了する集中証拠調べ（民訴182条）によっているものとみられる。

49) 当該取引を当初担当していた社員が，訴訟時には既に退職等してしまい，住居所も判明しないという場合も少なからずみられる。このような場合，被告業者に調査等を事実上お願いする場合もある。また，住居所が判明して呼出状を送っても，種々の理由から出頭しなかったりする場合もある。

等を確定していくという作業が必要になると考えられる。

　(イ)　**一連一体認定の当否**　取引損害訴訟においては，被告業者の義務違反等が複数主張されるのが通常である。そして，審理の結果，原告が主張する義務違反はいずれも認めることはできない（あるいは違法性が高いとはいえない）が，これらを全体としてみた場合に，不適切な投資勧誘が複合したものとして違法性を有するとした裁判例がある。[50]このような認定判断の手法（一連一体認定）については，個々の義務違反が認定できないことと，全体としての義務違反が認定できることとの間を，どのような理論的根拠により説明することができるか，また，因果関係については，（全体的に観察した場合の）どの行為と損害との間でその有無を判断するかといった点が問題になり得ると思われるところではあるが，継続的な金融商品取引の場面においては，かかる認定判断の手法も積極的に肯定できる部分があるといえよう。[51]

2．不当利得返還請求

> 〔1〕　実体法上の問題点
>
> 　不当利得返還訴訟では，法律上の原因の存否，特に取引契約の無効又は取消原因の存否が問題となり，どのような場合に無効又は取消しが認められるかが中心的課題となる。

　不当利得返還請求は，金融商品取引業者等と顧客との間の取引において，業者等が得た利得が法律上の原因に基づかないものであるとしてその返還を請求するものである。そして，金融商品取引における法律上の原因の欠如と

---

50)　日弁連消費者問題対策委員会編・前掲注2）106頁。
51)　日弁連消費者問題対策委員会編・前掲注2）107頁は，「このような一連一体の違法性判断手法は，裁判例の蓄積によって，それら自体が次第に一定の違法基準，違法類型に純化され，定着していくことが多く，その意味では過渡的手法であるともいえる。」としている。

は、同取引の基礎となっている契約の無効又は取消しに起因するものであるといってよい。したがって、このような無効又は取消しをもたらす原因によっていくつかの類型ができることとなるが、民法上のものと消費者契約法上のものとに大別できる。[52] 前者の裁判例としては、金地金の取引につき、商品取引の知識のない主婦に対して執拗に勧誘し、上記取引が投機性を有していて損失を被るおそれがあること、委託証拠金等を必要とすることなどについて説明せず、かえって安全な取引であることを強調するなどして上記取引をさせるに至ったという事案につき、著しく不公正な方法でされたもので公序良俗に反し無効であるとしたものがある。[53] また、融資一体型変額保険につき、同保険は、①運用利率の変動により損害が生ずるリスクのみならず、②付随する融資の高額のローン金利が累積するリスクのほか、③相続財産の価値の増減、税制度の変遷、相続開始時期等の不確定要素を基に変動・増幅するリスクが競合するとして、相続税対策としての適格性については甚だ疑問があるとしたうえで、本件変額保険が真実は多大の投機的リスクを孕んでおり、損益の予測が極めて困難で相続税対策とは相容れない不確実性の側面を多々有するものであったにもかかわらず、保険会社側から相続税対策として有用であるとの有利性の側面のみを強調され、再三の強い勧誘を繰り返されて、保険契約及び融資契約の締結に至ったとして、各契約は要素の錯誤により無効であるとしたものがある。[54] 後者の裁判例としては、商品先物取引の事案で、同取引についても消費者契約法の適用があるとしたうえで、同取引の受託者の一部の者が顧客に対して断定的判断を提供したとして、同法4条1項に基

---

52) 消費者契約法4条2項は、重要事項又は当該重要事項に関連する事項について当該消費者の利益となる旨を告げ、かつ、当該重要事項について当該消費者の不利益事実を故意に告げない場合、これらに基づいて消費者が事実であると誤認し、かつ誤認に基づいて意思表示をした場合は、当該意思表示を取り消すことができるとする。このうち、不利益事実の不告知と民法上の説明義務違反（不法行為・債務不履行を問わない。）は、具体的場面によっては重なる場合があり得る。この場合、「重要事項」としてどのような事実が含まれるかという点が中心的な問題になってくるものと思われる。また、消費者契約法4条1項2号の断定的判断の提供は、これに基づく契約取消権とともに、不当勧誘の一場合として民法上の損害賠償責任（これについても不法行為・債務不履行を問わない。）を発生させる場合がある。

53) 最判昭61・5・29判時1196号102頁・判タ606号46頁。

54) 大阪高判平15・3・26金判1183号42頁。

づき，同取引の一部の取消しを認めたものがあるが，最近のものとしては，金の商品先物取引の事案で，消費者契約法4条2項本文の「重要事項」とは，同条4項において，当該消費者契約の目的となるものの「質，用途その他の内容」又は「対価その他の取引条件」をいうものと定義されているのであって，同条1項2号では断定的判断の提供の対象となる事項につき「将来におけるその価額，将来において当該消費者が受け取るべき金額その他の将来における変動が不確実な事項」と明示されていることとは異なって，同条2項，4項では商品先物取引の委託契約に係る将来における当該商品の価格など将来における変動が不確実な事項を含意するような文言は用いられていないとして，将来における金の価格は上記「重要事項」に当たらないとしたものが注目される[56]。

> 〔2〕 手続法上の問題点
>
> ここでも，実体法上の問題点と同様に，法律上の原因の存否，特に無効取消原因の主張立証の在り方や，これに基づく的確な争点整理・事実認定の方法が課題となるが，後者については，損害賠償請求訴訟とほぼ同様であると考えられる。

(1) **主張立証責任の構造**

　(a) **請求原因事実とその内容**　　これは，いったん成立した取引契約が無効又は取り消されたことに基づく請求であるから，原告としては，
　　① ある金融商品に関する取引契約が成立したこと
　　② ①の契約に無効又は取消原因があること

---

55) 名古屋地判平17・1・26判時1939号83頁。本件では，不実の告知及び不利益事実の不告知を根拠とする取消しも争点となったが，これらの事実は認められないとされた。
56) 最判平22・3・30判時2075号32頁・判タ1321号88頁。

③ ②で取消原因がある場合，取消しの意思表示がされたこと
④ 被告の受益と原告の損失及びこれらに因果関係があること

を主張立証すべきことになる。そして，②については，無効又は取消原因の法的根拠（民法，消費者契約法）によってさらに具体化されることになる。例えば，要素の錯誤（民95条）に基づく場合は，表示と真意の不一致及びそれが法律行為の要素に該当するものであることが必要になり，不実告知（消費契約4条1項）の場合であれば，(i)契約締結の勧誘に際して，(ii)重要事項について事実と異なることを告げ，(iii)告げられた内容が事実であると誤認し，(iv)それにより当該契約の申込み又は承諾をしたこと，に該当する具体的事実を主張立証すべきこととなる。[57]

(b) 抗弁事実とその内容　抗弁については，無効又は取消原因として何を主張するかによって様々なものが考えられる。例えば，錯誤無効の場合であれば，顧客の重過失（民95条ただし書）を基礎づける事実がこれに該当すると考えられる。

(2) 訴訟進行・運営上の問題点

損害賠償請求訴訟で述べたところ（1〔2〕(4)）がほぼ妥当する。

3．無断売買に基づく預託金返還請求訴訟

〔1〕 実体法上の問題点

実体法上の問題点としては，その法的根拠（訴訟物）が問題となるが，その他については，損害賠償請求訴訟での議論の多くが当てはまる。

---

57) 当該錯誤が動機に係る場合であれば，当該動機が意思表示の内容として相手方に表示されたことが必要になるものと解される。

無断売買の効果は顧客に帰属しないから，顧客はそれを前提として預託金等の返還請求をすることができる。証券会社は，他人である顧客の委託に基づいて有価証券等の売買取引を業とする者であり，商法上の問屋営業（商551条）に該当する。そして，前述のとおり（1〔1〕(2)(f)参照），無断売買の場合，その効果は顧客に帰属しないから，顧客は同売買の効果を否認することができ，証券会社に預託してある預託金の返還請求をすることができる。また，実際の訴訟においては，一連の有価証券取引の過程の一場面において無断売買が問題になることもある。[58] 後者の場合は，前記損害賠償請求訴訟と同様の議論が該当し，無断売買は，被告である金融商品取引業者等の行為の違法性を基礎づける一事由として位置づけるのが妥当と思われる。他方，前者の場合，預託金返還請求権は，民法上の消費寄託契約（民666条）とそれを包含する一個の包括的契約に基づき発生するものと解されるから[59]，これを訴訟物として選択することが考えられる。なお，預託金返還請求と損害賠償請求が併存するかについては一つの問題である。この点，証券会社の従業員が顧客の信用取引口座を利用して無断売買をし，その結果生じた差損などに相当する金員をその顧客の信用取引口座から引き落とす処理がされたとしても，顧客に当該金員相当の損害が生じたものということはできないとする最判平4・2・28（判時1417号64頁・判タ783号78頁）の趣旨を徹底すれば，上記両請求が併存することはあり得ないということになろう。しかし，上記最判の妥当性についてはかねてから疑問等が出されていることからすると，この点についてはなお今後の検討課題ということになろうか。[60]

---

58) 日弁連消費者問題対策委員会編・前掲注2）261頁。
59) 川崎・前掲注47）519頁。
60) 損害として慰謝料や弁護士費用を請求する場合や，金融商品取引業者等の社員も被告とする場合は不法行為に基づく請求を行う実益があるといえる（日弁連消費者問題対策委員会編・前掲注2）262頁参照）。

> 〔2〕 手続法上の問題点
>
> 　無断売買訴訟では，取引が無断でされたか否かという点に関する主張立証責任の所在が中心的問題になるが，それ以外の争点整理や事実認定上の問題点については，損害賠償請求訴訟での議論の多くが当てはまる。

(1) 主張立証の構造

　(a) **請求原因事実とその内容**　預託金返還請求権が，民法上の消費寄託契約及びその終了に基づいて発生するものであることからすれば，顧客である原告は，①原告が被告証券会社に対し，金員の保管を委託し，被告証券会社がこれを承諾して金員を受領したこと，及び②原告が被告証券会社に対し，①の預託金契約を解約する旨の意思表示をしたことを主張立証すべきことになる。

　ここで問題になるのは，上記①及び②の事実のほか，「被告証券会社が原告に無断で有価証券取引を行ったこと」まで原告である顧客が主張立証すべきか，という点である。この点，実体法上の解釈の観点からすれば，実体法（民法）上の契約に基づいて一定の請求権が発生するというのは，契約法理における一般原則ともいうべきものであり，その請求権が消滅ないし阻害されるというのはあくまで上記一般原則に対する例外的事態であると解されるところ，預託金返還請求において，顧客の依頼に基づいて有価証券取引が行われたという事実は，預託金返還請求権の発生を阻害する事実であるといえるから，この事実は，預託金返還請求権の存在を争う側に主張立証責任があると解するのが相当といえる。また，実際上も，顧客の委託が存在したという事実は，被告証券会社において一般的に立証困難な事実とまでは認めがたいから，かかる委託の存在という事実の主張立証責任を被告証券会社に負わせることは不公平とはいえないと解されるし，顧客による委託の存在は，一般に被告証券会社にとって有利な結論を導く事実であると考えられる。

　以上の各根拠からすれば，原告である顧客は，預託金返還請求において，

「被告証券会社が原告に無断で有価証券取引を行ったこと」についてまで主張立証責任を負うものではなく，むしろ被告証券会社において，「顧客である原告の依頼に基づいて有価証券取引がされた」ことにつき主張立証責任を負うものと解するのが妥当である。[61]

(b) **抗弁及びその内容**　被告証券会社としては，前記請求原因に対し，委託に基づく取引であるという趣旨で，

① 顧客である原告が被告証券会社に対し，売買の別，種類，銘柄，数量，価格等を指示して取引の注文をしたこと

を主張立証することが考えられる。また，取引時には無断であったとしても，その後顧客が同取引を事後承認したという趣旨で，

② 顧客である原告が，被告証券会社に対し，無断取引を追認したこと

を主張立証することが考えられる。[62]

(2) 訴訟進行・運営上の留意点

(a) **訴状，答弁書，準備書面の記載**　訴状等の記載のあり方については前述したとおり（1〔2〕(4)(a)参照）であり，請求原因及び抗弁に即した具体的主張を記載する必要があることには変わりがない。特に，無断売買訴訟では，顧客である原告の委託の有無が最大の争点となり，この点に関する当事者双方の主張が真っ向から対立することが多いから，当事者は，この点に関して自己の主張に有利な間接事実を詳細に主張し，相手方の主張にも的確に反論する必要がある。

(b) **争点整理**　顧客である原告の委託を推認させる事実とこれに反する事実をできるだけ詳しく主張させることが必要になる。特に，この種の事案は顧客と業者との継続的関係が基礎にあるから，委託がされたとされる時

---

61) 川崎・前掲注47）519頁も，結論において同様の見解をとる。
62) この場合，明示的な追認だけではなく，無断取引後の顧客の態度等から，黙示的に取引を追認していたと主張することも考えられる。この場合は，かかる黙示的追認を基礎づけるに足りる具体的事実を主張立証することが必要になってくるものと考えられる。また，黙示的追認を争う場合は，そのような認定を妨げる具体的事実を顧客である原告は主張立証することになろう。

点での事実関係だけではなく，その前後の事実関係も広く収集し，自己の主張を説得的なものとすることが必要であろう。

(c) **書証及び人証** 書証について，被告業者側から提出されるものとしては，取引の契約書及びそれに先行する説明等の際に用いられた説明書，パンフレット，取引に関する顧客の同意書，売買に関する報告書といったものとなることは，取引損害訴訟の場合と同様である。特に，無断売買訴訟では，争点である委託の有無の認定のために，委託がされたことを示す書証や，（無断）売買後の顧客の態度等を明らかにする書証があれば，早期に提出すべきであろう。[63]

人証については，顧客である原告と，被告である証券会社の担当者の申出がされることが多く，採用されて尋問が行われる場合が多い。採用決定前後に陳述書が提出されることが多いのも，取引損害訴訟の場合と同様である。

(3) 事実認定上の留意点

中心的争点である委託の有無については，当事者間に争いのない事実や，書証等から確実に認められる事実といった「動かない事実関係」を軸として，そのような事実関係と他の証拠との間に矛盾がないか，事案の流れとして不自然な点はないかといった観点から検討を加えるべきであるということについては，一般事件の事実認定のあり方と何ら変わるところはないと思われる。そして，委託が行われたとされる時期の前後における当事者間の言動，特に顧客及び担当者の意向等を幅広く認定し，委託の有無について説得的な根拠を示す必要があろう。この点，顧客が買付直後から複数回にわたり，しかも株価がさほど下落していない時点から一貫して無断売買であるとの主張をしていたことは無断売買を強く推認させるとしたうえで，これに反する証券会社側の主張が採用できるかは，顧客の抗議内容が客観的事実と異なることを疑わせるに足りる特段の事情があるかなどによって判断されるとし，結論と

---

63) 日弁連消費者問題対策委員会編・前掲注2）266頁は，受注時間，受注内容等の記載がある注文伝票等の重要な資料を提供させ，これらを細かく検討して被告である証券会社の主張の矛盾を指摘する必要があるとし，さらに，売買後の抗議行動など，無断売買であることを推認させる間接事実を積極的に主張立証する必要があるとする。

してかかる特段の事情は認められないとした裁判例が参考になろう。[64]

Ⅲ　差損金請求訴訟

> ### 〔1〕　実体法上の問題点
>
> 　差損金請求訴訟は，取引に基づく金銭請求という点において，取引損害訴訟と大きな差異はないといえる。

　金融商品取引契約及び顧客の委託に基づき，金融商品取引業者が取引を行ったが，その結果取引損が生じることがある。この場合，顧客が事前に上記業者に預託していた金員ではまかなえない損失が発生した場合，上記業者は顧客に対し，上記損失部分の支払を請求することができ，これが一般に差損金といわれるものである。かかる差損金請求権は，顧客と金融商品取引業者との取引契約（及びこれに基づく顧客の取引委託）に基づいて発生するものと解される。

> ### 〔2〕　手続法上の問題点
>
> 　ここでは，差損金請求訴訟と表裏一体の関係にあるといえる損害賠償請求訴訟や無断売買訴訟との関係が問題になるが，それ以外の争点整理や事実認定上の問題点については，損害賠償請求訴訟での議論の多くが当てはまる。

---

64)　東京地判平12・12・12判タ1059号159頁・金判1110号43頁。

(1) 主張立証責任の構造

差損金請求訴訟においては、これを請求する金融商品取引業者は、
① ある金融商品に関する取引契約が成立したこと
② ①に基づき取引が行われ、これにより差損金が発生したこと
③ ②の取引が顧客の委託に基づくものであること
④ ②の取引による業者の差損金額

をそれぞれ主張立証する必要があるものと解される。これに対し、差損金請求を争う顧客としては、③の事実につき、取引が顧客の意思に基づかないものであることなどを主張することが考えられる（②の要件事実に対する否認という位置づけになると解される。）。

(2) 取引損害訴訟及び無断売買訴訟との関係

差損金請求訴訟は、金融商品取引の有効性が主たる争点となることが多いと考えられることから、損害賠償請求訴訟及び無断売買訴訟（特に後者）と密接な関係に立つことが多い。実務上は、差損金請求訴訟が本訴として提起された後に、取引損害訴訟又は無断売買訴訟が反訴として提起されたり（その逆もあり得る。）、別訴として提起された後に、先行する訴訟に併合されて同一手続で審理されることが多い。

(3) 訴訟進行・運営上の留意点

前記Ⅱ1〔2〕(4)で述べたところと同様のことが当てはまると考えられる。

(4) 事実認定上の留意点

前記Ⅱ1〔2〕(4)(d)で述べたところと同様のことが当てはまると考えられる。特に、差損金訴訟では、顧客の委託の有無が大きく争われることが多いから、無断売買訴訟における事実認定の留意点がそのまま差損金請求訴訟での留意点になると考えられる。

Ⅳ デリバティブ（金融派生商品）取引関係訴訟

1．取引の意義と形態・分類

　デリバティブ（金融派生商品）取引とは，金融商品・金融指標の先物取引，先渡取引，オプション取引，スワップ取引とクレジットデリバティブのことをいう（以下これらを総称して「デリバティブ取引」という。）。デリバティブ取引は，その行われる場所によって，市場デリバティブ取引，店頭デリバティブ取引，外国市場デリバティブ取引に分けられる（金融商取2条20項～23項）。金融商品とは，デリバティブ取引の原資産となり得るものをいい，①有価証券，②預金契約に基づく債権その他の権利又は当該権利を表示する証券もしくは証書（ただし政令〔金融商取施令1条の17〕で定めるもの），③通貨，④同一種類のものが多数存在し，価格の変動が著しい資産であって，当該資産に係るデリバティブ取引について投資者の保護を確保することが必要と認められるものとして政令で定めるもの，⑤①もしくは②又は③に掲げるもののうち内閣府令で定めるものについて，金融商品取引所が，市場デリバティブ取引を円滑化するため，利率，償還期限その他の条件を標準化して設定した標準物，が挙げられている（金融商取2条24項）。また，金融指標とは，指標を基準とするデリバティブ取引を定義するためのもので，①金融商品の価格又は金融商品の利率等，②気象庁その他の者が発表する気象の観測の成果に係る数値，③その変動に影響を及ぼすことが不可能もしくは著しく困難であって，事業者の事業活動に重大な影響を与える指標又は社会経済の状況に関する統計の数値であって，これらの指標又は数値に係るデリバティブ取引について投資者の保護を確保することが必要と認められるものとして政令（金融商取施令1条の18）で定めるもの，④①～③に基づいて算出した数値である（金融商取2条25項）。

　デリバティブ取引においても，前述した有価証券取引の場合と同様に，行為規制に関する規定の適用がある。具体的には，取引態様の明示義務（金融商取37条の2），契約締結前の書面交付義務（金融商取37条の3），契約締結時等

における書面交付義務（金融商取37条の4），不招請勧誘の禁止（金融商取38条4号）及び適合性原則（金融商取40条1号）などが重要である。

2．デリバティブ取引関係訴訟の態様

　デリバティブ取引関係訴訟の態様も，取引損害訴訟（Ⅱ）の場合と同様に種々のものが考えられるが，その多くが同取引において取引者が被った損失等の賠償を請求する類型であることに差異はない。そして，このような請求の法的根拠（訴訟物）として，①不法行為に基づく損害賠償請求，②債務不履行に基づく損害賠償請求及び，③取引（契約）の不成立，無効又は取消しに起因する不当利得返還請求が考えられることも，取引損害訴訟の場合と同様である。

〔1〕　実体法上の問題点

　デリバティブ取引関係訴訟の場合も，実体法上の問題点は，取引損害訴訟（Ⅱ）での損害賠償請求訴訟とほぼ同様の点が問題になるものと考えられる。

(1)　総　　説

　デリバティブ取引関係訴訟の態様は前述のとおりであり，違法行為（違法性）の類型についても，取引損害訴訟（Ⅱ）の場合とほぼ同様であるといえる。すなわち，取引勧誘及び取引開始後における説明義務違反の有無，適合性原則違反の有無などを中心として，断定的判断の提供，過当取引及び無断売買等が問題になることが多いといえる。もっとも，デリバティブ取引の場合は，有価証券取引の場合にも増して専門性の高い取引が多いと考えられるから，この点が適合性の有無の判断や説明義務の範囲・内容に影響を及ぼすことが考えられる。なお，デリバティブ取引の一種で訴訟が多く提起されて

いる外国為替証拠金取引及び仕組み債についてもここで検討する。

(2) 違法性

(a) **オプション取引**　オプション取引とは，特定の商品について，あらかじめ定められた期日に，あらかじめ定められた価格で売買する権利を取引することをいい，権利の取引であるという点に特徴がある。このようなオプション取引に関する裁判例としては，①株式の現物取引の経験のある顧客に関するオプション取引について，適合性原則に違反せず，説明義務違反の一部について否定したものの，いわゆるロールオーバーの手法によるオプションの取引につき，この手法が取引手法としては危険性が高いことからすれば，この手法の取引を勧める場合は，その危険性を十分説明し，顧客がそれを理解したうえで取引を行うように指導助言すべき義務があるとしたうえ，本件において証券会社担当者は，かかる指導助言義務に違反しているとしたもの[65]，②元会社員（取引当時は公務員）である顧客に関するオプション取引について，オプション取引については，他の取引にも増して適合性について慎重な検討が必要であるとし，そのうえで，原告である顧客には，株式取引等を理解するだけの知識，経験や能力はあったものの，オプション取引について的確に理解して取引を行うだけの専門的な知識，経験等を有していたとは認められないとしたもの[66]，③上場株式や投資信託の信用取引の経験を有する顧客（会社員）に関するオプション取引につき，上記信用取引の経験などから適合性の原則違反を否定したが，説明義務違反については，オプション取引の複雑さやリスクの高さから，顧客が取引の仕組みを十分理解していないと認識したならば，顧客に対して改めてオプション取引の内容等の説明を行うべき注意義務を負っていたとして，被告業者の勧誘行為はかかる説明義務に違反するものであるとし，また，顧客のオプション取引は同人にとって過大な取引であり，違法としたものがある[67]。

---

65)　大阪高判平17・12・21（平成16年（ネ）第2072号）判例集未登載。
66)　東京地判平17・7・22（平成16年（ワ）第14082号）判例集未登載。
67)　大阪地判平19・11・16セレクト30号51頁。

(b) **外国為替証拠金取引**[68]　外国為替証拠金取引は、外国通貨の取引単位当たりで決められた証拠金を支払って、差金決済を行うことのできる地位を取得し、その後の任意の時期において上記地位と反対売買をして差金決済を行うことを内容とする取引である。かかる外国為替証拠金取引は、為替相場の変動などといった偶然の事情により、差金を得ることができるかが決まるという仕組みを有するものであることから、これが刑法の賭博罪に該当し、公序良俗に反するかが問題にされてきた。このような外国為替証拠金取引の違法性に関する裁判例としては、①外国為替証拠金取引の賭博罪該当性につき、投機的取引とはいうことはできるものの、賭博ということはできないとしたが、適合性の原則違反及び説明義務違反等を認めたもの[69]、②適合性原則違反及び無断売買の主張は認めなかったものの、説明義務違反（不実告知、断定的判断の提供も含む。）等を認めたもの[70]、③外国為替証拠金取引の賭博罪該当性につき、同取引が、為替相場の変動という予見し得ない事情によって損益金の額が決まるものであるなどとして、賭博罪の構成要件に該当するとし、当時の金融先物取引法の改正前（平成17年7月以前）には、外国為替証拠金取引は違法行為として想定され、いかなる業者も行い得なかったものであるとして、法令による正当行為に該当しないとしたもの[71]、④平成16年6月当時における外国為替証拠金取引の賭博罪該当性につき、同取引は、顧客と業者が、相互に財産上の利益を賭け、偶然の勝敗によってその得失を決めるものであるから、賭博に該当し、上記取引当時に金融商品販売法の適用を受けていたことは正当業務行為として違法性を阻却するものではないとし、法令に規定がない場合であっても、当該取引の目的に相当性があり、かつ、当該取引自体が相当な場合は違法性阻却の余地があるとしたうえで、これを同取引について検討し、同取引が極めて投機性の大きいものであること、少額の証拠金で取引が可能なため、いわゆるレバレッジ効果が大きいこと、追加証拠

---

68)　外国為替証拠金取引は、平成16年4月以降、金融商品販売法2条の政令指定商品として同法の適用を受けるようになり、現在は金融商品販売法の規制対象となった。
69)　大阪地判平16・4・15判時1887号79頁・判タ1164号158頁。
70)　東京地判平17・2・18判時1923号60頁。
71)　東京地判平17・11・11判時1956号105頁。

金の支払の必要が出てくる場合があること，スワップポイントはそれぞれの通貨の短期金利に応じて日々変動するため，金利動向によっては当初期待していたようなスワップポイントの享受ができないというリスクを負う場合が生ずることなどから，取引目的の相当性や取引自体の相当性は認められず，違法性阻却事由があるとはいえないとしたもの[72]などがある。

(c) **仕組み債**　仕組み債とは，オプションやスワップなどのデリバティブを債券に組み込んで発行されるものをいう。かかる仕組み債に関する裁判例としては，日経平均ノックイン債取引に関し，適合性原則違反と説明義務違反の存否が主として争われた事案において，適合性原則違反につき，上記ノックイン債が，主体的積極的な投資判断を要する投資商品であり，リスク性の高い投資商品であるとしたうえで，これを勧誘した行為は，適合性の原則から著しく逸脱したものであるとし，また，説明義務違反については，顧客の属性や取引経過からすれば，上記ノックイン債の仕組みやリスクについてほとんど理解していなかったなどとして，説明義務違反も肯定したものがある[73]。

(3) 因果関係・損害及び過失相殺

前記Ⅱ1〔1〕(3)(4)(5)で述べたところがそのまま妥当すると解される。

〔2〕　手続法上の問題点

手続法上の問題点についても，取引損害訴訟（Ⅱ）における損害賠償請求訴訟とほぼ同様と考えられる。

(1) 訴訟物の選択

---

72) 東京高判平18・9・21金判1254号35頁。
73) 大阪高判平20・6・3金判1300号45頁。

前記Ⅱ1〔2〕(1)の場合と基本的に同様となると考えられる。

(2) 主張立証責任の構造

前記Ⅱ1〔2〕(2)(3)の場合と基本的に同様となると考えられる。

(3) 訴状，答弁書，準備書面の記載

記載に関する一般的な留意事項は，前記Ⅱ1〔2〕(4)(a)の損害賠償請求訴訟の場合と基本的には同様となる。ただし，デリバティブ取引の場合，まず取引の仕組みを理解することが一般人には困難な場合が多いといえるから，その仕組みにつき，なるべく理解しやすい形で記載していくことが必要になる（図表などの利用も効果的であろう。）。説明義務違反の主張につき，当該取引の経過等に即した具体的なものにすること，事案に応じたメリハリをつけることなどは取引損害訴訟の場合と同様であるが，デリバティブ取引の場合は，適合性の原則違反の有無や，説明義務違反の有無などが中心的争点になる場合が多いので，これらの点が問題になる場合は，ある程度詳細な主張が必要とされる場合があると思われる。

(4) 争点整理

取引の仕組み及び取引の経過については，説明義務違反の存否を検討するうえで最も重要な基礎的事実となるものであり，かつ，専門性が強く理解が必ずしも容易でない部分であるから，この段階で的確かつ丁寧に事実関係を整理しておく必要があることは，前記Ⅱ1〔2〕(4)(b)の損害賠償請求訴訟の場合と基本的には同様である。特に，デリバティブ取引の場合は，前述したとおり，取引の仕組みがかなり複雑になる場合があるから，この点については裁判官及び双方当事者とで共通理解が得られるようにすべきである。事案によっては専門委員の活用も考えられるところである。[74]

---

[74] また，事案の内容や当事者の意向などにもよるところがあるが，調停に付すること（民調20条）も考えられるところではある。この場合，専門家の調停委員の確保が必要になろう。

(5) 書証及び人証

前記Ⅱ1〔2〕(4)(c)の損害賠償請求訴訟の場合と基本的には同様である。

(6) 事実認定上の留意点

前記Ⅱ1〔2〕(4)(d)の損害賠償請求訴訟の場合と基本的には同様であるが，裁判例をみると，デリバティブ取引の場合，取引の専門性や危険性といった点をどのように考えるかという点で，結論が大きく変わってくるように思われる。これは適合性の原則違反の有無にかかわってくる問題であり，また，説明義務の範囲や内容，あるいは過失相殺の可否及び過失割合を判断するうえでも大きなポイントになるように思われる。当事者双方とも，上記のような点を意識した，的確な主張立証が望まれるところである。

Ⅴ　その他の金融商品取引関係訴訟（外国証券取引関係訴訟）

1. 総説

(1) 外国証券の意義・種類

外国証券とは，外国株券，外国新株予約権証券，外国債券，外国投資信託（受益）証券，外国投資証券，外国貸付債権信託受益証券，海外ＣＤ（譲渡性預金証券），海外ＣＰ（コマーシャルペーパー），外国カバードワラント，外国預託証券，外国優先出資証券及び外国国債，外国不動産投資信託受益証券，外国ＥＴＦをいう（金融商取2条1項10号・11号・17号・18号）。以下，外国株券，外国債券及び外国投資信託（受益）証券の3つについて概説する。なお，外国証券の取引等に関しては，日本証券業協会の自主規則である「外国証券の取引に関する規則」（以下「外取規則」という。）により規律されている。[75]

(a) 外 国 株 券　外国の企業が発行した株券をいう。

---

75) 外国証券の取引に関する規則は日本証券業協会のホームページに掲載されているが，改正が比較的頻繁に行われているようであるから，そのつど確認することが必要になる。

(b)　**外国債券（外債）**　　外国債券とは，①発行体が国際機関や外国の政府・企業などである，②購入代金の払込み，利子・償還金の受取りのいずれか，又はすべてが外国の通貨で行われる，③発行地が外国である，という要素のうち，一つでも当てはまる債券のことをいう。その中で，①元本の支払，②利払い及び③償還の全部が外貨建てで行われるものを外貨建外債，逆に全部が円建てで行われるものを円建外債という。また，いずれかが異なる2種類の通貨で行われるものを二重通貨建外債（二重通貨債，デュアル゠カレンシー債）という。その他，発行主体による分類（公共債と民間債）や，払込価格や利子による分類（利付債と割引債）もある。

　(c)　**外国投資信託（受益）証券**　　外国の法律に基づき外国の資産運用会社によって設定運用されている投資信託のことをいう。対象証券や選別基準につき，一定の制限がある（外取規則15条～17条）。

(2)　**外国証券取引の態様**

　(a)　**国内委託取引**　　日本国内の金融商品取引所に上場されている外国証券の売買を取り次いでもらう方法である。下記海外委託取引及び国内店頭取引に比べて，金融商品取引法に基づく企業内容の開示制度の適用がある点が特徴である。

　(b)　**海外委託取引**　　外国の上場市場での売買注文を国内の証券会社に取り次いでもらう方法である。

　(c)　**国内店頭取引**　　国内外の市場を通さずに相対で取引する方法である（そのため手数料制度はない。）。

(3)　**外国証券取引に関する行為規制**

　(a)　**適合性の原則**　　顧客に対する外国証券の投資勧誘に際し，顧客の意向，投資経験及び資力等に適合した投資が行われるよう十分配慮するものとする（外取規則5条）。かかる適合性の原則は，外国証券取引全体に共通するものである。

　(b)　**国内店頭取引での取引の公正確保**　　国内店頭取引は，相対取引という性質上，価格決定が適正にされる必要があることから，合理的な方法で算

出された時価を基準として適正な価格により取引を行い，その取引の公正性を確保しなければならないとされており，価格算出方法につき質問があれば，その概要を説明しなければならないとされている（外取規則11条）。また，顧客の損失を補てんし，又は利益に追加する目的をもって，顧客又は第三者に財産上の利益を提供する行為（異常な取引）を行ってはならないとされている（外取規則13条）。

2．外国証券取引関係訴訟の態様

　外国証券取引関係訴訟の態様も，取引損害訴訟（Ⅱ）の場合と同様に種々のものが考えられるが，その多くが同取引において取引者が被った損失等の賠償を請求する類型であることに差異はない。そして，このような請求の法的根拠（訴訟物）として，①不法行為に基づく損害賠償請求，②債務不履行に基づく損害賠償請求及び，③取引（契約）の不成立，無効又は取消しに起因する不当利得返還請求が考えられることも，取引損害訴訟（Ⅱ）での損害賠償請求訴訟やデリバティブ取引関係訴訟の場合と同様である。

〔1〕 実体法上の問題点

　外国証券取引の場合も，実体法上の問題点は取引損害訴訟（Ⅱ）での損害賠償請求訴訟やデリバティブ関係取引訴訟の場合とほぼ同様の点が問題になるものと考えられる。

(1) 違　法　性
　(a) 総　　論　外国証券取引関係訴訟の態様は前述のとおりであり，違法行為（違法性）の類型についても，取引損害訴訟（Ⅱ）やデリバティブ取引関係訴訟の場合とほぼ同様であるといえる。すなわち，取引勧誘及び取引開始後における説明義務違反の有無，適合性原則違反の有無などが中心的

争点となることが多いといえる。特に，外国証券取引の場合は，有価証券取引やデリバティブ取引の場合の一般的なリスクのほか，以下のようなリスクが指摘されている点に留意する必要がある。これらの点は，適合性の有無の判断や説明義務の範囲・内容に影響を及ぼすものといえる。

(b) **外国証券取引特有のリスク要因**

　(ア) **為替リスク**　　外貨取引の場合，円に換算するレートの変動により為替リスクが生じる[76]（円建取引の場合は当然為替リスクは生じない。）。

　(イ) **カントリーリスク**　　発行主体の属する国・地域などでの政治・経済状況等の変動に影響されることがある。

　(ウ) **紛争コストに関するリスク**　　外国投資信託受益証券及び外国投資信託証券の選別基準においては，管理会社の代理人が国内に設置されているものであること，及びわが国の投資者が取得した外国投資信託受益証券又は外国投資信託証券の取引に関連する訴訟の裁判管轄権がわが国に属することが要件になっているが（外取規則16条3項・4項，17条3項・4項），その他の外国証券についてはこのような規制はない。[77]

(2) **因果関係，損害及び過失相殺**

　前記Ⅱ1〔1〕(3)(4)(5)の場合と基本的に同様となると考えられる。

---

〔2〕　手続法上の問題点

　手続法上の問題点も，取引損害訴訟（Ⅱ）での損害賠償請求訴訟やデリバティブ取引関係訴訟の場合と基本的には同様であると考えられる。

---

76) 外貨建債券の場合，償還日まで利回りを確定することができない。したがって，為替レートが，購入時よりも償還時において円高になっている場合，運用していた外貨の価値が下がることになるから，利回りの低下や場合によっては損失が発生することになる（逆に円安の場合は利回りが増加することになる。）。

77) その他，準拠法が問題になる場合も考えられる。

V □ その他の金融商品取引関係訴訟（外国証券取引関係訴訟）

(1) 訴訟物の選択

前記Ⅱ1〔2〕(1)の場合と基本的に同様となると考えられる。

(2) 相手方の選択及び裁判管轄等

外国証券取引に関する法的紛争において，海外の発行主体を相手方とする場合に，前述したとおり（国際）裁判管轄が日本にない場合もあり，紛争解決手続の選択肢が限定されている場合もあり得る[78]。仮に国内における訴訟手続が可能であるとしても，相手方の属する国，所在地，代表者等が特定できなかったり，特定できたとしても訴状等の送達にかなりの時間を要する場合も考えられる。

(3) 主張立証責任の構造

取引損害訴訟での損害賠償請求訴訟及びデリバティブ取引関係訴訟の場合と基本的に同様である（Ⅱ1〔2〕(2)(3)）。

(4) 訴状，答弁書，準備書面の記載

記載に関する一般的な留意事項は，取引損害訴訟での損害賠償請求訴訟やデリバティブ取引関係訴訟の場合と基本的には同様である（Ⅱ1〔2〕(4)(a)）。ただし，外国証券取引の場合も，デリバティブ取引の場合と同様に，まず取引の仕組みを理解することが一般人には困難な場合が多いといえるから，その仕組みにつき，なるべく理解しやすい形で記載していくことが必要になる（図表などの利用も効果的であろう。）。説明義務違反の主張につき，当該取引の経過等に即した具体的なものにすること，事案に応じたメリハリをつけることなどは取引損害訴訟での損害賠償請求訴訟の場合と同様であるが，外国証券取引関係訴訟の場合も，デリバティブ取引関係訴訟の場合と同じく，適合性の原則違反の有無や，説明義務違反の有無などが中心的争点になる場合が多

---

78) 例えば，仲裁による紛争解決を専属的に定めている場合などが考えられる。なお，最近の裁判例（東京地判平22・11・30金判1362号28頁）で，外国の裁判所を専属的裁判管轄とする合意が存在する場合に，民事訴訟法7条ただし書の併合管轄によってわが国の国際裁判管轄を肯定したものがあり，今後の展開が注目される。

いから，これらの点が問題になる場合は，ある程度詳細な主張が必要とされる場合があると思われる。

(5) 争点整理

取引の仕組み及び取引の経過については，説明義務違反の存否を検討するうえで最も重要な基礎的事実となるものであり，かつ，専門性が強く理解が必ずしも容易でない部分であるから，この段階で的確かつ丁寧に事実関係を整理しておく必要があることは，前記Ⅱ1〔2〕(4)(b)の損害賠償請求訴訟の場合と基本的には同様である。特に，外国証券取引の場合は，前述したとおり，取引の仕組みがかなり複雑になる場合があるから，この点については裁判官及び双方当事者とで共通理解が得られるようにすべきである。事案によっては専門委員の活用も考えられるところも，デリバティブ取引関係訴訟の場合と同様である。[79]

(6) 書証及び人証

前記Ⅱ1〔2〕(4)(c)の取引損害訴訟（Ⅱ）での損害賠償請求訴訟の場合と基本的には同様である。

(7) 事実認定上の留意点

適合性の原則違反や，説明義務違反が主要な争点となっている場合は，当該問題となっている取引の具体的な仕組み及び顧客の取引経過をそれぞれ認定したうえで，これと顧客の属性や取引経験等の周辺事情を加味して判断し，説明義務違反については，どの程度の説明が求められるかを確定したうえで，義務違反の有無について判断をしていくということになる。その意味では，取引損害訴訟（Ⅱ）での損害賠償請求訴訟及びデリバティブ取引関係訴訟と基本的には同様であるが，外国証券取引の場合は，上記各取引類型とは異なったリスクがあることは前述したとおりであるから，これを適合性判断や説明義務違反の判断の中にどのように反映させるべきかが大きな問題になってく

---

79) この他，付調停の活用も考えられよう。

るものと思われる。

《参考文献》
日野正晴『詳解金融商品取引法〔第2版〕』(中央経済社, 2009)。
近藤光男＝吉原和志＝黒沼悦男『金融商品取引法入門〔第2版〕』(商事法務, 2011)。

第2章

金融商品販売関係訴訟

I　概　　説

　本章では，金融商品販売関係訴訟を取り上げる。金融商品販売関係訴訟というのは，主として金融商品の販売等に関する法律（以下「金融商品販売法」という。）に関係する論点を含む訴訟をいうが，金融商品販売関係訴訟について考察する前に，金融商品販売法について概観しておく。

　金融商品販売法は，平成12年に成立した比較的新しい法律である。当時は，預金や保険等の金融商品に係る金融取引に対する社会的な関心が高まる一方，情報技術の高度化により，金融商品がますます多様化，複雑化していた。そのため，一般投資家は，金融商品に対する関心をもっているのに，金融商品を適切に理解することが容易ではない状況に置かれていた。このような状況において，顧客の金融商品に対する知識の不十分さ等から，金融取引をめぐる訴訟が多数提起される状況になっていた。金融商品販売法は，そのような状況認識の下で，金融商品販売業者等に，顧客に対する説明義務を負わせるとともに，その履行がない場合に，そのために生じた顧客の損害を賠償する責任を負わせることとした（金融商品5条）。そして，その場合に顧客が被った元本欠損額を損害と推定することとした（金融商品6条）。その基本的な趣旨は，金融商品販売業者等に，法律の定めにより，一定の説明義務を負わせることにより，顧客及び金融商品販売業者等の双方に，予見性の高いルールを構築するという点，上記のとおり損害賠償が容易となることにより，

顧客保護の充実を図るという点，これとともに，勧誘の適正を確保するという点にあるとされている。[1]

金融商品販売法は，平成18年に比較的大きな改正がされたが，その内容は，説明義務の対象事項を追加し，適合性原則に照らした説明を義務づけるなど，説明義務の拡充を図るという点，断定的判断の提供等の禁止規定を新設するという点，対象商品，取引等の範囲を拡大するという点にわたっている。[2]

以上の特色を有する金融商品販売法が適用される主な取引として，第1に，預・貯金取引，第2に，信託取引があるので，以下，預・貯金取引関係訴訟，信託取引関係訴訟に二分して，その問題点を概説することとする。

Ⅱ　預・貯金取引関係訴訟

預・貯金取引関係訴訟は，預・貯金取引の成立を前提とする。預・貯金取引は，これを細分すれば，預金取引と貯金取引とに分かれる。

預金取引は，預金契約によって成立するが，預金契約は，銀行（その他の金融機関）を受寄者とする金銭の消費寄託契約である。銀行は，預金者が銀行に保管を託した金銭を消費することができ，預金者に同種，同額の金銭の返還をする義務を負う。預金は，その返還方法や期限により，おおむね，以下のとおり分類される。[3]

> ① 当座預金
> 　支払委託契約に基づき，手形，小切手の支払に充てるべき資金の預入れ

---

1) 大前恵一朗「金融商品の販売等に関する法律の概要について」ジュリ1185号（2000）61頁，大前恵一朗『平成18年改正Q&A改正金融商品販売法』（商事法務，2007）3頁。
2) 池田和世「金融商品販売法の改正の概要（特集　金融商品取引法）」金法1779号（2006）49頁，大前・前掲注1）7頁。
3) 滝澤孝臣編『消費者取引関係訴訟の実務』（新日本法規出版，2004）26頁以下〔齊藤顕〕，福井修『金融取引法入門』（きんざい，2009）59頁以下参照。

のための預金である。その意味で，消費寄託契約のほか，委任契約の側面も有しており，当座勘定取引契約は，その両者の混合契約であると解されている。個々の預金ごとに一つの預金債権が成立するのではなく，預金残高全体について一個の預金契約が成立するものとされる。

② 普通預金

返還時期の定めのない預金であり，預金者はいつでも支払を請求することができる預金である。当座預金と同様，預金残高全体について一個の預金契約が成立するものとされる。

③ 定期預金

返還時期の定めのある預金であり，普通定期預金，自動継続定期預金，積立定期預金等がある。銀行は，その時期までは資金を安定的に運用できるので，預金利率は普通預金より高いのが通例である。個々の預入れごとに預金契約が成立し，預金債権も預入れごとに独立して存在するものとされる。

④ 総合口座

総合口座とは，一つの通帳で普通預金と定期預金ができるほか，国債などの公共債の保護預り，定期預金や国債を担保とした当座貸越を組み合わせたものである。

法的性質としては，預金（消費寄託）契約，保護預り（寄託）契約，根質権設定契約が組み合わされたものであるとされる。

⑤ その他

その他，通知預金，納税準備預金，貯蓄預金，財形預金，譲渡性預金，外貨預金，別段預金，定期積金等があるとされる。

貯金取引は，貯金契約により成立するが，貯金契約は，郵便貯金銀行等を受寄者とする金銭の消費寄託契約である。郵便貯金には預入れ及び払戻しにつき特別の条件が付されていない通常郵便貯金のほか，一定の据置期間ないし預入期間の条件が付されている積立郵便貯金，定額郵便貯金，定期郵便貯金等が規定されている（平成17年法律第102号によりなおその効力を有するとされる旧郵便貯金法7条）。いわゆる郵政民営化により，郵政公社は平成19年10月1

日に解散し，その前日までに郵政公社が取り扱った郵便貯金（通常貯金を除く。）に関する業務は独立行政法人郵便貯金・簡易生命保健管理機構が承継し，同日以降の郵便貯金（通常貯金については時期を問わずすべて）に関する業務は郵便貯金銀行が取り扱うこととされている。

　そのような預・貯金（以下「預金」という。）取引をめぐる訴訟は，そのほとんどが，預・貯金者（以下「預金者」という。）が原告となり，銀行（その他の金融機関）を被告として，預金の払戻しを請求する事案である。その逆に，銀行が原告となって預金取引に関係した訴訟を提起することもないではないが，せいぜい，払戻受領者を被告として，過誤払いを理由として，不当利得の返還を請求するものが散見されるにすぎない。そして，その被告となる払戻受領者は，預金者である場合もなくはないが，預金者以外の第三者である場合がほとんどで，預金取引の当事者間の訴訟でないことになる。もっとも，そのような過誤払いの効力は預金払戻請求訴訟において問題となり得るので，看過し得ない。

　預金者が預金の払戻しを求める以外に，銀行に対して提起する訴訟として，損害賠償請求訴訟がある。金融商品販売法の前記規制も反映して，銀行が説明義務違反などを理由として預金者から損害賠償を求められる事案は少なくない。

　そこで，以下では，預金者が銀行に対して預金の払戻しを求める訴訟を第1に，損害賠償を求める訴訟を第2に，その実体法上の問題点と，手続法上の問題点とを概説する。

1．預金払戻請求訴訟

　預金払戻請求訴訟は，要するに，預金者が銀行に対して当該預金取引に係る金銭消費寄託契約の全部又は一部の終了を理由として預金の払戻しを求める訴訟であるが，[4]その実体法上の問題点及び手続法上の問題点は以下のとおりである。

> 〔1〕 実体法上の問題点
>
> 預金払戻請求訴訟において実体法的に問題となるのは，第1に，預金契約の成立であるが，預金契約が成立しているというだけで預金の払戻しを求めることができない場合もある。預入期間の定めがある場合であるが，この場合には，第2に，払戻時期の到来が問題となる。また，預金の払戻しとともに，利息の支払を求める場合には，第3に，利息の発生が問題となる。以上は，払戻請求権の発生・行使について問題となるところであるが，払戻請求権の消滅について問題となるのが，第4に，消滅時効，第5に，準占有者に対する弁済，第6に，相殺である。

(1) 預金契約の成立をめぐる問題点

預金契約は，消費寄託と解されているので，消費貸借契約の規定が準用される結果，預金契約を要物契約と理解することとなる（民666条・587条）。この点は，異論を見ない。したがって，金銭の寄託が預金契約の成立に必要となるが，誰が，どの時点で，どのような行為をした段階で金銭を寄託したといえるのかが預金契約の成立をめぐる第1の問題となる。分説すると，誰が預金をしたといえるのかという預金者の特定の問題，どの時点で，どのような行為をした段階で金銭が寄託されたといえるのかという預金の成立時期・態様の問題についても，これまでの裁判例で問題となっているところである。

---

4) 預金契約の下において，預金者は，現金等を銀行に預け，銀行にその運用を許し，一定時期には返還してもらうという意思を有し，銀行は，一定期間経過後にこれを預金者に返還する意思を有しているものであるから，これを民法の典型契約に当てはめると，消費寄託（民666条）と解するのが通説である（古久保正人「銀行取引」塩崎勤編『裁判実務大系(22)金融信用供与取引訴訟法』（青林書院，1993）4頁）。すなわち，顧客の預け入れた現金等は銀行の所有物となり，銀行は顧客に対して後日これと同額の現金を返還する義務を内容とする契約が成立すると解することとなる。判例（最判平21・1・22民集63巻1号228頁）も，「預金契約は，預金者が金融機関に金銭の保管を委託し，金融機関は預金者に同種，同額の金銭を返還する義務を負うことを内容とするものであるから，消費寄託の性質を有するものである。」として，この点を明言している。

(a) 預金者の特定 かつては，預金者の氏名を表示しない無記名定期預金が存在したほか，記名式預金でも，あえて他人名義や架空名義で開設される例もまま見受けられるところであった。そのため，出捐者，預入行為者，預金名義人が異なる場合，このうち誰を，預金債権を取得する預金者と認定すべきか否かが問題となっていた。実体法的にいえば，これが預金者の特定という問題であるが，この点，①自らの出捐により，自己の預金とする意思で，銀行に対し，自ら又は代理人，使者を通じて預金契約をした者が預金者であり，原則として出捐者が預金者となるとする客観説，②預入れのときに預入行為者が特に他人の預金である旨を表示しない限り，預入行為者が預金者であるとする主観説，③原則として客観説により出捐者を預金者と解すべきであるが，預入行為者が自己を預金者と明示したときに限り，預入行為者が預金者となるとする折衷説があるとされている。[5]

---

[5] 判例は，無記名定期預金（最判昭32・12・19民集11巻13号2278頁・判時136号17頁・判タ78号51頁，最判昭48・3・27民集27巻2号376頁・判時702号54頁），他人名義の預金（最判昭52・8・9民集31巻4号742頁・判時865号46頁・判タ353号205頁。記名式定期預金の事案）の事案について，客観説を採用したと理解されている。しかし，以上の判例は，いずれも定期預金の預金者の認定に係るものであったが，比較的最近，普通預金の預金者の認定に係る判例が出されるに至った。すなわち，損害保険代理店が，保険契約者から収受した保険料のみを入金する目的で開設した普通預金口座に係る預金債権の帰属につき，当該保険料が実質的に帰属する損害保険会社ではなく，当該普通預金口座の通帳や届出印を管理し，現実に出入金を行っていた当該損害保険代理店に帰属するとした判例（最判平15・2・21民集57巻2号95頁・判時1816号47頁・判タ1117号211頁），及び，債務整理事務の委任を受けた弁護士が，委任事務処理のために委任者から受領した金員を預け入れるために自己の個人名義で開設した普通預金口座の帰属につき，当該金員が実質的に帰属する委任者ではなく，当該普通預金口座の通帳や届出印を管理し，現実に出入金を行っていた当該弁護士に帰属するとした判例（最判平15・6・12民集57巻6号563頁・判時1828号9頁・判タ1127号95頁）である。したがって，定期預金と普通預金とで，預金者の認定手法に違いが見受けられるようではあるが，普通預金は，定期預金と異なり，何度にもわたって出入金が繰り返されるものであるから，一定時期における残高に係る出捐者を特定することが困難なものである。その意味で，普通預金においては，出捐者を確定して預金者の認定を行うという客観説を適用しがたい側面があるのは否定できない。定期預金については，従前の判例どおり，客観説に立って預金者を認定し，普通預金については，前記の平成15年の2件の判例に従い，預金口座の利用状況，管理状況等から，個々的に認定，判断することが適切であるといえよう。この点を検討したものとして，福井章代「預金債権の帰属について—最二小判15・2・21民集57巻2号95頁及び最一小判平15・6・12民集57巻6号563頁を踏まえて」佐々木茂美編『民事実務研究Ⅱ』（判例タイムズ社，2007）1頁。

(b) 預金の成立時期・態様　また，どの時点で，どのような行為をした段階で金銭が寄託されたといえるのかという預金の成立時期・態様の問題についても，例えば，銀行の窓口における入金[6]，手形・小切手による入金[7]，振込みによる入金[8]などをめぐって争われている。振込みによる入金については，当該振込みが誤ったものであった場合，すなわち，誤振込みの場合にも，その振込み先の口座を開設している預金者の預金が成立するのか否かがさらに問題となっている[9)10]。

---

6) 窓口での現金の入金の場合，預金者が現金を窓口に差し出し，係員がこれを受領したうえで照合，確認したときに，目的物の交付があったといえるとする見解が通説とされている。もっとも，預金者が現金を窓口に差し出し，係員がこれを受領した以上，その照合前であっても，少なくとも一種の寄託関係の成立があったものとして，銀行は善良なる管理者の注意をもってこの現金を保管しなければならないと解する見解が多い。判例では，預金者が，銀行内の応接室で支店長に現金を交付し，定期預金証書の交付を受けたが，当該支店長がこれを横領して銀行に入金しなかったという事案において，預金契約の成立を認め，預金の支払請求を認めた原審をそのまま是認したものがある（最判昭58・1・25金法1034号41頁）。

7) 手形・小切手による入金の場合，それが自店券のときは，銀行が決済可能であることを確認して受け入れたときに目的物の交付があったとするのが実務における一般的な取扱いのようである。これに対し，他店券の場合には，銀行が預金者からその交付を受けたことにより，その取立委任を受けたと解し，その取立てを停止条件とする預金契約が成立したと解する見解が多数である（古久保・前掲注4）7〜8頁）。判例としては，他引小切手の場合に，取立てを停止条件とする預金契約が成立したとしたものがある（最判昭46・7・1判時644号85頁・判夕269号195頁）。

8) 振込みによる入金の場合，依頼人から振込依頼を受けた銀行（仕向銀行）が，依頼人の指定した受取人の銀行（被仕向銀行）の預金口座に指定額を入金するものである。その法的性質は，委任契約であるとされる（福井・前掲注3）233頁）。受取人の預金口座に入金記帳されることにより，入金がされたこととなるので，その時点で，預金契約が成立することとなる（瀧澤編・前掲注3）34頁〔齊藤〕）。

9) 誤振込みの場合につき，判例（最判平8・4・26民集50巻5号1267頁・判時1567号89頁・判夕910号80頁）は，「振込依頼人から受取人の銀行の普通預金口座に振込みがあったときは，振込依頼人と受取人との間に振込みの原因となる法律関係が存在するか否かにかかわらず，受取人と銀行との間に振込金額相当の普通預金契約が成立し，受取人が銀行に対して右金額相当の普通預金債権を取得するものと解するのが相当である。」とし，振込依頼人と受取人との間に振込みの原因となる法律関係が存在しないにもかかわらず，振込みによって受取人が振込金相当額の預金債権を取得したときは，振込依頼人は，受取人に対し，前記同額の不当利得返還請求権を取得するとした。もっとも，受取人が，被仕向銀行に対し，当該誤振込みにより生じた預金契約に基づき，預金債権の行使をすることが，当該金員を不正に取得するための行為であって，詐欺罪等の犯行の一環をなす場合であるなど，これを認めることが著しく正義に反するような特段の事情があるときは，権利の濫用に該当するとすることも考えられよう。最判平20・10・10民集62巻9号2361頁・判夕1285号65頁は，事案によっては，上記のような処理の余地を示唆する。

(2) 預金の払戻時期をめぐる問題点

　定期預金はあらかじめ預入れの期間を定める預金である。したがって，合意解約をしない限り，払戻しを請求することができない。もっとも，銀行は，期限前の解約申入れに応ずるのが通例のようである。

　定期預金は，預入期間が定められているため，銀行において資金を安定的に運用することができるものであり，だからこそ利率が相対的に高くなっている。したがって，満期前解約の場合に約定利率での利息が支払われることは稀で，普通預金の利率の限度で支払われることが多いようである。

　定期預金のうちには，預金者から満期日における払戻請求がされない限り，当然に同一の預入期間の定期預金契約として継続させる旨の自動継続特約が付されたものも多い。この場合，継続停止の申出をした後に最初に到来する満期日をもって，もはや定期預金契約として継続することがなくなるのであるから，当該満期日から払戻請求をすることができることとなる。[11]

(3) 利息の発生をめぐる問題点

　預金に係る利息は，当然ながら利息の約定を根拠に発生する。一般に，普通預金は預金者にとっての自由度が高く，銀行にとって安定的な運用に供しにくいことから相対的に利率が低いが，定期預金のように預金者にとっての

---

10) いわゆる「振り込め詐欺」により，他人名義の預金に金員を振り込んでしまったときに，加害者ないし預金名義人に対する不当利得返還請求権を被保全権利として，加害者ないし預金名義人の被仕向銀行に対して有する預金債権を代位行使することができるとした裁判例として，東京地判平17・3・29金法1760号40頁，東京地判平17・3・30判時1895号44頁・金判1215号6頁を各参照。この点について論じたものとして，平野英則「3 振り込め詐欺の被害者による債権者代位権の行使」塩崎勤＝雨宮眞也＝山下丈編『新・裁判実務大系(29)銀行関係訴訟法〔補正版〕』(青林書院，2009) 29頁以下，滝澤孝臣「金融判例研究会報告・いわゆる『振り込め詐欺』の被害者が振込先の銀行の預金口座の名義人に対する債権を被保全債権，同名義人を被代位者とする債権者代位権を行使して同銀行に対して同名義人の預金の払戻しを求めることの可否（積極）(上)」金法1755号 (2005) 38頁，「同(下)」金法1756号 (2005) 60頁を参照。後者は，多くの場合，被代位者（預金口座の名義人）を被告として公示送達の方法により債務名義を取得し，預金債権を差し押さえれば足りるのであって，その方法を採ることさえ困難な場合にも債権者代位を肯定するのであれば，被代位者の当事者能力を不要と解するに等しいと指摘する。

11) 最判平19・4・24民集61巻3号1073頁・判時1979号56頁・判タ1248号107頁参照。

自由度が低く，銀行にとって安定的な運用に供しやすいものは，相対的に利率が高い。

(4) 消滅時効をめぐる問題点

　預金債権も，金銭債権である以上，消滅時効に服すると解するほかはない。消滅時効期間は，預金契約者の一方でも商人であれば，5年となるが（商522条），当事者双方とも商人ではない場合には，10年となる[12]（民167条）。

　消滅時効は，権利を行使することができる時から進行する（民166条）。

　普通預金の場合，預金者は，預入れ後いつでも払戻しを請求することができるから，その時点から時効期間が起算されると解されている。当座預金の場合については，多くの説が唱えられているが，普通預金の場合と同様，預入れの時点とする説と，当座預金契約の終了の時点とする説とに分かれている。

　そうすると，比較的容易に時効期間を経過することとなるが，預入れや払戻しがされるつど，債務の承認がされたものとして，時効期間が中断すると解されているので，実際に消滅時効が完成することは，多くはないと考えてよいであろう。また，実務上は，口座の動きがない預金（睡眠預金）についての利益金処理は10年間経過後に行われることから[13]，それまでは銀行が消滅時効を援用することはないし，さらに10年間経過後に預金者から払戻請求があったとしても，本人確認及び預金の確認ができれば，できる限り払戻しに応じているとのことである。

　定期預金の場合，預入期間満了の時点から時効期間が進行するとされる。

---

12) 中小企業等協同組合法に基づいて設立された信用協同組合（最判昭48・10・5判時726号92頁・金法705号45頁，最判平18・6・23判時1943号146頁・判タ1220号143頁），信用金庫法に基づいて設立された信用金庫（最判昭63・10・18民集42巻8号575頁・判時1296号139頁・判タ685号154頁）は，いずれも商人ではないとされる。

13) 通常貯金であっても，10年間預入れ及び払戻し等がされていない睡眠状態となったときは，貯金の預入れ及び一部払戻しを行わないものとされる（平成17年法律第102号によりなおその効力を有するとされる旧郵便貯金法40条の2第1項）。これを理由に睡眠貯金の一部（自己の法定相続分）払戻請求を棄却したものとして，東京地判平13・8・31訟月48巻9号2116頁。

預入期間満了までは，預金の払戻しを請求することができないが，その満了後は，いつでも預金の払戻しを請求することができるからである。

いわゆる自動継続特約が付されている定期預金契約に係る預金払戻請求権の消滅時効期間は，どの時点から進行するか。自動継続特約の効力が維持されている間は，満期日を経過すると新たな満期日が弁済期となるということを繰り返すため，その間は預金払戻請求権の行使について法律上の障害があるといわざるを得ないが，預金者によって継続停止の申出がされるなどして，それ以降，自動継続の取扱いがされることのなくなった満期日が到来すれば，上記の法律上の障害が消滅したと評価できる。したがって，その時点から消滅時効が進行する[14]。

(5) 準占有者に対する弁済をめぐる問題点

預金債権の最も基本的かつ正常な消滅事由は，払戻し（弁済）であるといえよう。一般的に，預金の払戻しがあれば，預金通帳や預金証書にその旨の記載がされたり，そうでなくとも，銀行内部にその旨の記録が残されることが多いから，預金の払戻しの有無自体の存否が争われる事例はそれほど多くはない。むしろ，銀行が，預金を預金者又はその代理人といった，正当な払戻請求権権限を有する者以外の者に支払ってしまった場合（過誤払い）に，預金者に対してその旨の弁済の抗弁を主張することの方が多いといえよう。すなわち，債権の準占有者に対してした弁済は，その弁済をした者が善意であり，かつ過失がなかったときに限り，その効力を有するとの規定（民478条）の適用を求めるのである[15]。

この点については，民法478条の債権の準占有者に対する弁済の規定のほか，免責約款に基づく免責が主張されることも少なくない。しかし，「当行

---

14) 議論があったところであるが，前掲注11) 最判平19・4・24の判示するところである。
15) 債権の準占有者とは，取引の観念からみて真実の債権者らしい外観を有する者をいい，預金証書その他の債権証書とその弁済を受けるのに必要な印章を所持する者が典型とされている。債権者本人ではなく，債権者の代理人と僭称した者が含まれるか否かについては，異論もないではないが，通説及び判例は，債権者の代理人と自称した者も含まれると解している（最判昭37・8・21民集16巻9号1809頁・判時321号4頁）。

が手形，小切手の印影又は従前の手形，小切手その他の証書類に使用の印影と符合すると認めて支払をした上は，その支払は預け主に対して効力を生ずるものとし，これによる損害については一切責に任じません」との当座勘定約定書の免責約款について，あくまで印影の照合に当たり，必要な注意義務が尽くされるべきことを前提としているもので，銀行の注意義務を軽減する趣旨と解すべきではないので，[16]債権の準占有者に対する弁済とは別に，免責約款の適用による免責を主張する意味はないというのが現在の裁判実務である。

銀行としては，結局のところ，払戻請求書に押捺された印鑑と，届出印鑑とを照合し，その同一性を確認したうえで払戻しに応じているのであるから，銀行が果たすべき注意義務の最も主要なものは，印鑑照合義務といってよいであろう。[17]

もっとも，印鑑照合自体に過失がなくとも，払戻請求者の挙動不審等，当該払戻請求者が無権限者ではないかと疑わせる事情があったのに，漫然と当該払戻請求に応じた場合には，やはり，銀行が上記の注意義務を果たしていなかったとして，債権者の準占有者に対する弁済の効力を認められないこととなる。この点も，裁判例の大勢が判示するところであって，[18]その説示を比

---

16) 最判昭46・6・10民集25巻4号492頁・判時634号3頁・判タ265号101頁の判示するところである。
17) 前掲注16) 最判昭46・6・10は，「銀行が自店を支払場所とする手形について，真実取引先の振り出した手形であるかどうかを確認するため，届出印鑑の印影と当該手形上の印影とを照合するにあたつては，特段の事情のない限り，折り重ねによる照合や拡大鏡等による照合までの必要はなく，前記のような肉眼によるいわゆる平面照合の方法をもつてすれば足りるにしても，金融機関としての銀行の照合事務担当者に対して社会通念上一般に期待されている業務上相当の注意をもつて慎重に事を行うことを要し，かかる事務に習熟している銀行員が右のごとき相当の注意を払つて熟視するならば肉眼をもつても発見しうるような印影の相違が看過されたときは，銀行側に過失の責任があるものというべく，偽造手形の支払による不利益を取引先に帰せしめることは許されないものといわなければならない。」と判示し，この判示は，現在でも印鑑の照合義務における基準として妥当なものと解され，実務上，確立した基準となっている。
18) この点に関する裁判例は多数存在するが，銀行が免責されなかった以下の2例を挙げる。
① 東京高判平16・8・26金判1200号4頁
本件は，Xの通帳を窃取したSが，当該盗難通帳を持参し，Xを装って預金の払戻請求（1度目は460万円，2度目は320万円）をしていたところ，これに応じたY銀行に過失がな

較対照すれば，①印鑑照合の事務に習熟した銀行員が，業務上相当の注意をもって平面照合の方法により印影を照合し，肉眼で発見し得るような差異を看過したといえるか否か，②当該払戻請求者の挙動不審など，同人が無権限であると疑うべき事情があったのに，これを看過したといえるか否かという2点を判断基準としていることが明らかである。そして，①及び②の双方において「否」であって初めて，銀行に過失がなかったと判断されることとなる。

以上は，いずれも預金通帳及び印鑑を用いた窓口での払戻請求に係るものであったが，いわゆる機械払いの場合についても，民法478条の適用を認め

かったとはいえないとした事案である。

まず，1度目の払戻請求については，窓口事務担当者において社会通念上一般に期待される業務上の注意義務をもって熟視するならば，払戻請求書の印影が届出印の印影と相当似ているものの，これが同一の真正な印鑑によるものではないのではないかとの疑いをもつべきであったから，改めて払戻請求者に生年月日を尋ねるなどの措置を講ずべきであったのに，これをせずに漫然と払戻しに応じた点に過失があり，免責特約による免責ないし債権の準占有者に対する弁済としての効力は認められないとした。

次に，2度目の払戻請求（1度目の払戻請求とは別の支店）については，払戻請求書の印影と届出印の印影とに相違の程度が低く，窓口事務担当者に印鑑照合上の過失があったとはにわかに断じがたいが，払戻請求者が無権限者であったと疑うべき事情があったのに，漫然と払戻しに応じた点に過失があり，免責特約による免責ないし債権の準占有者に対する弁済としての効力は認められないとした。

本件において，1度目の払戻請求につき印鑑照合の過失が認められた点に関し，判決文を詳細に見ると，払戻請求書に押捺された印影が，届出印の印影に比して，「安」の画線が全体として太く，幾分あいまいな伸び方を示しているだけではなく，画線同士ないしこれと外周線との間の接触箇所の範囲が大きく，特に「うかんむり」の左側部分が外周線とほぼ完全に結合し，その箇所が潰れた状態になっていること，また，届出印に係る印影の外周線の欠落部分は，「田」の第1画線より上間で外周線が伸び，欠落部分はわずかであるのに，払戻請求書の印影では欠落部分は「田」の第1画線の下部の方から始まってより長いという相違があり，この欠落部分の大小の相違は，経年変化等によるものか，それとも本来の印影に似せて作った別の印鑑であるための同一性の欠如に由来するものか，そのいずれであるかの疑問を抱いてもおかしくなく，銀行の窓口事務担当者としては，社会通念上一般に期待される業務上の注意をもって熟視するならば，払戻請求書に係る印影が届出印とは同一の印鑑によるものではないと疑うべきであったとした。

次に，2度目の払戻請求について，印鑑照合以外の点で，払戻請求者の無権限を疑うべき事情について判示した部分を詳細に見ると，①1度目の払戻請求からわずか4時間程度の後に，別の支店で，預金のほぼ全額に至る金額が引き出されていること，②同僚の行員が，1度目の払戻請求に引き続いて2度目の払戻請求がされていることに不審を抱いた発言をしていたこと，③窓口事務担当者において，Sに使途を尋ねようとしたが，きつい顔つきで威圧

るのが判例であるから，基本的には，窓口払いの場合と異なるものではない。

　なお，機械払いに係る被害については，「偽造カード等及び盗難カード等を用いて行われる不正な機械式預貯金払戻し等からの預貯金者の保護等に関する法律」（平成17年法律第94号）が制定，施行され，特別法による一定の保護がされることになったので，注意が必要である。すなわち，個人が金融機関に開設した預貯金口座に係る機械払いの払戻しにおいて，偽造カードないし預金通帳が利用されていた場合には，民法478条の適用が排除されるものとされた（偽造カード3条）。そして，この場合，当該払戻しが有効にされたこととなるのは，①当該払戻しが当該預貯金者の故意によりされたものであったこと，又は②当該払戻しが当該預貯金者の重大な過失によりされたものであり，かつ，金融機関が善意，無過失であったことを証明した場合に限られる（偽造カード4条）。そして，盗難カードないし預金通帳を利用して機械払いの方法により預金の払戻しがされた場合，預貯金者が遅滞なく金融機関や捜査機関にその旨の通知をするなどの要件を満たしたときは，預貯金者は，上記通知から原則として30日前以降にされた払戻しに係る金員の補てんを受けることができるものとされ，金融機関において，当該払戻しが預貯金者の故意又は重大な過失により行われたことなどを証明したときは，上記補てんをする義務を負わず，預貯金者の過失により行われたことなどを証明したときは，上記金員の4分の3について補てんをすれば足りることとされている（偽造カード5条）。以上は強行規定であり，これに反する特約で預貯金者

　　感を感じたことから取り止めたことが指摘されている。
　②　名古屋高判平21・7・23金判1337号37頁・金法1899号102頁。
　　本件は，Xの通帳を窃取した犯人の共犯者が，当該盗難通帳を持参し，Xを装って預金の払戻請求（約200万円）をしていたところ，これに応じたY銀行に過失がなかったとはいえないとした事案である。
　　本判決は，Y銀行の窓口事務担当者による印鑑照合に過失があったとしたが，当該判断について判決文を詳細に見ると，払戻請求書の印影が，届出印の印影に比して，「森」については線がより細い反面，「山」については線がより太く，円周線も，より細く見えることを指摘している。特に本判決の特徴として挙げられるのは，平面照合をしていれば上記の差異に気づいたはずであるのに，印鑑照会機を用いて，半折りしたり透かしたりする方法により照合するのでは，線の細さの違いを見逃しやすいと指摘していることである。
19)　最判平15・4・8民集57巻4号337頁・判時1822号57頁・判タ1121号96頁の判示するところである。

に不利なものは，効力を有しないこととされている（偽造カード8条）[20]。

(6) 相殺をめぐる問題点

預金の払戻請求に対しては，当該預金に対する差押えを契機として，反対債権をもって相殺の主張がされることも多い。この場合に，相殺が許されるか否かが問題となるので，この点について触れることとする。また，相殺権の濫用の主張もされることがある。この主張は，相殺の抗弁に対する再抗弁に該当するが，相殺の抗弁に密接に関連するので，この点についても取り扱うこととする。

(a) 相殺の許否 金融機関が相殺をするのは，相殺の簡易な決済機能の側面よりも，相殺の担保的機能の側面を重視する場合が多い。すなわち，融資先の信用が低下した場合，特に融資先の金融機関に対する預金債権が，他の債権者により差し押さえられた場合に，金融機関が相殺をすることが多い。具体的に適用が問題となるのは，債権の差押え等により（民執145条1項），支払の差止めを受けた第三債務者（金融機関等）は，その後に取得した債権による相殺をもって差押債権者に対抗することができないとの民法511条の制限である。

この点に関し，判例[21]は，第三債務者は，その債権が差押え後に取得されたものでない限り，自働債権及び受働債権の弁済期の前後を問わず，相殺適状に達しさえすれば，差押え後であっても，これを自働債権として相殺をすることができるとして，相殺の担保的機能を重視し，いわゆる無制限説を採用した。そして，約款上の期限の利益喪失条項が適用されることによって，融

---

[20] 同法の解説として，石田祐介「偽造カード等及び盗難カード等を用いて行われる不正な機械式預貯金払戻し等からの預貯金者の保護等に関する法律」ジュリ1299号（2005）120頁参照。その適用事例として，大阪地判平20・4・17判時2006号87頁参照。その解説等として片岡義広「預貯金者保護法の『偽造カード等』の意義（大阪地判平20・4・17）」潮見佳男＝長谷川貞之＝清水恵介編・金融・消費者取引判例の分析と展開〔増刊金判1336号〕（2010）202頁があり，この論点についての論考として，原司「（大阪民事実務研究）偽造カード等及び盗難カード等を用いて行われる不正な機械式預貯金払戻し等からの預貯金者の保護等に関する法律第4条の要件の検討」判タ1320号（2010）5頁参照。

[21] 最大判昭45・6・24民集24巻6号587頁・判時595号29頁・判タ249号125頁の判示するところである。

資先が期限の利益を喪失し，金融機関も自ら期限の利益を放棄することにより，相殺適状（民505条1項本文）が生じたとして，当該事案における相殺の効力を認めた。したがって，文字どおり，債権の差押えの後に債権を取得した場合でない限り（民511条参照），約款等の効力によってでも相殺適状に達しさえすれば，当該差押えに係る債権を受働債権とする相殺は，許されることとなる。

 (b) **相殺権の濫用**　相殺が認められる範囲は相当広いものではあるが，当然ながら，当該相殺権の行使が，権利の濫用にわたる場合には，その効力が認められることはない。いわゆる相殺権の濫用である。

相殺権の濫用として問題となるパターンとして，例えば，ねらい撃ち[22]，駆け込み相殺[23]，同行相殺[24]，担保権付債権との相殺[25]などがあるが，個々の具体的事案における諸般の事情を総合考慮したうえで，権利濫用の可否が判断されることとなるので，これらのパターンに該当したからといって，直ちに相殺権の濫用と判断されることとなるものではない[26]。

---

22) ねらい撃ち相殺とは，受働債権となり得る債権が複数存在するのに，ことさらに特定の債権をねらい撃ちして相殺の対象とすることである。大阪地判昭49・2・15金判426号13頁は，他の弁済期の遅い債務は任意に弁済していたのに，転付命令に係る債務を受働債権として相殺することは，相殺権の濫用に該当するとして，相殺の効力を認めなかった。
23) 駆け込み相殺とは，倒産懸念先の手形を所持する者が，当該手形を金融機関に割り引いてもらい，当該金融機関が，当該倒産懸念先の預金債権を受働債権として相殺することである。
24) 同行相殺とは，割引手形の振出人が倒産したとき，金融機関が割引依頼人に買戻しを請求せず，別の支店において振出人が有していた預金債権を受働債権として相殺することである。ただし，最判昭53・5・2判時892号58頁・金判549号24頁は，上記のような事案で，割引依頼人に買戻しを請求するか，あくまで振出人に手形上の権利を行使するかは，金融機関において自由に選択することができるとして，上記相殺は有効にされたとした。
25) 担保権付債権との相殺とは，債権に十分な担保が付されているので，差押えを受けた債務と相殺することである。ただし，最判昭54・3・1金法893号43頁は，担保権の行使によって弁済を受けることができる関係にあるのに，相殺によって債権の満足を図ったとしても，直ちに権利の濫用に該当することとなるとはいえないとした。
26) 相殺権の濫用に該当するとした裁判例として，高松高判平2・6・25判タ745号163頁，大阪地判平6・10・25判時1529号95頁・判タ897号121頁，神戸地判平15・7・25判時1843号130頁・金判1180号46頁などがある。

> 〔2〕 手続法上の問題点
>
> 　預金払戻請求訴訟において手続法的に問題となるのは，第1に，預金の払戻しを求め得る原告についてである。預金者が原告となるのは自明であって，預金者が生存していれば，実体法的に預金者の特定として問題となる場合は格別，その特定された預金者が原告となっているか否かの認定問題にとどまるが[27]，預金者が死亡して相続が開始した場合には，相続人の原告適格が問題となるからである。もっとも，預金者が生存している場合であっても，預金債権が差押え（仮差押えを含む。）を受けた場合には，差押債権者が払戻しを求め得るか，また，その場合に，差押えを受けた預金者が払戻しを求め得るのかも問題となる。

(1) 相続人の原告適格

　預金債権は，金銭債権であるから可分債権であり，相続により，共同相続人間でその法定相続分に従って，当然に分割されると解するのが判例であり[28][29]，遺産分割等の実務の現場でも，そのように取り扱われている[30]。そうすると，

---

[27] 預金通帳や預金証書は，それ自体が権利の化体した有価証券であるわけではないから，権利行使に当たり，その提出が法律上の要件となるものではない。しかし，預金通帳や預金証書を所持していることは，例えば預金者の認定の重要な判断要素であるし，これがあることによって預金契約の内容（満期や金額，利息の利率等）が判明することとなるから，訴訟においても，証拠として提出することが望ましい基本的な書証の一つであるといえよう。

[28] 最判昭29・4・8民集8巻4号819頁・判タ40号20頁。

[29] なお，定額郵便貯金については，郵便貯金法7条1項3号（同法は，郵政民営化法等の施行に伴う関係法律の整備等に関する法律（平成17年法律第102号）により廃止されているが，附則により，その一部の効力が存続している。）において，分割払戻しをしない条件が付されていることから，相続により当然に分割されることとはならない（最判平22・10・8民集64巻7号1719頁・判時2098号51頁・判タ1337号114頁）。

[30] ただし，共同相続人全員の間で，可分債権も含めて遺産分割の対象とすることにつき明示又は黙示の合意があることを基準として，可分債権を遺産分割の対象とするというのが，実務における一般的な見解であると解される（清水節「現金・金銭債権・金銭債務」梶村太市＝雨宮則夫編『現代裁判法大系⑾遺産分割』（新日本法規出版，1998）125頁以下）。

共同相続人は，銀行に対し，各人の相続分に応じ，払戻しを請求することができるというのが，論理的な帰結である。

したがって，預金者の共同相続人の1人である原告は，①預金者が死亡したこと，②原告がその法定相続人であることを主張立証することにより，当該預金の当該法定相続分に係る預金の払戻請求をすることができることとなる。もちろん，共同相続人間で，遺産分割の合意がされ，その結果，法定相続分とは異なる割合で当該預金を遺産として取得することとなった場合には，③当該遺産分割の事実を主張立証することによって，当該割合に係る預金の払戻請求をすることができることとなる。[31)][32)]

この点について，銀行実務上は，特段の事情がない限り，相続人全員の連署をもってする相続預金払戻請求書の提出を待って預金の払戻しに応じている例が多いようである。その理由としては，分割給付が煩わしく，特に預金債権が複数ある場合は各債権ごとに分割されることになり煩瑣であること，具体的相続分が不明であるために超過弁済をする危険があること，単独で預金の払戻請求をすることは，相続人間での何らかの紛争が予想されるため，銀行としてもこれに巻き込まれないために慎重な対応を必要とすることなどが挙げられているが，最後の紛争回避が主たる理由であろう。無用な紛争に巻き込まれたくないとの銀行の意向は理解できないではないものの，法律上

---

31) 預金者の共同相続人は，必ずしも預金者（被相続人）の生前の取引等について十分な知識を有するとは限らないから，まずは，預金者の取引経過（取引履歴）を取り寄せて，その取引の内容を精査する必要に迫られるであろう。

判例は，預金契約が，消費寄託の性質とともに，委任契約ないし準委任契約としての性質をも有することを根拠として，銀行の預金者に対する事務処理状況報告義務（民645条・656条）を認め，その一環として，預金口座の取引経過を開示すべき義務を認めている。そして，預金者の共同相続人は，銀行に対し，預金契約上の地位（準共有者〔民264条〕）として，単独で（民252条ただし書），取引経過の開示を請求することができるとされている（最判平21・1・22民集63巻1号228頁・判時2034号29頁・判タ1290号132頁）。

32) なお，遺言執行者による預金の払戻請求については，これを遺言執行行為に含まれるものとして，権限を認める裁判例（東京地判平14・2・22家月55巻7号80頁・金法1663号86頁）と，遺言執行の余地がないとして，権限を認めない裁判例（東京高判平15・4・23金法1681号35頁）とが対立している。議論の詳細は，平城恭子「預金債権の相続と払戻し」滝澤孝臣編・金融・商事判例50講―裁判例の分析とその展開〔増刊金判1211号〕（2005）18頁を参照。

の抗弁として位置づけることは，困難といわざるを得ない。なお，銀行が，相続財産である預金の全額を，共同相続人の１人に払い戻してしまった場合，いわゆる預金の過誤払いとして，債権の準占有者に対する弁済（民478条）と認められれば，有効な弁済があったものとして，当該預金債権が消滅する。しかし，債権者の準占有者に対する弁済と認められない場合には，有効な弁済があったとはいえないから，当該預金債権は消滅せず，依然として正当な預金者（共同相続人）に対して預金の払戻しに応ずる義務を負担し続けることとなる。

(2) 差押命令を得た債権者の払戻請求

債権者は，債務者の第三債務者に対する債権を仮に差し押さえ，又は差し押さえることができる。ただし，民事執行法ないし他の法律により，差押えの対象とすることができない債権も存在する。これらの債権を原資とする預

---

33) この点に関する裁判例として，東京地判平18・7・14金法1787号54頁があるが，同裁判例は，銀行預金及び郵便貯金について，当然に法定相続分に応じて分割されるから，各相続人は，自己の相続分の限度で，預金の払戻しを請求することができるとしている。また，同裁判例は，共同相続人全員で遺産分割協議が成立するまでは，共同相続人全員の同意がない限り預金の支払をしなくともよいとの慣習が成立しているとの主張も，明示的に排斥している。同裁判例の考え方は，実務上は広く受け入れられ，ほぼ確定した取扱いとなっていると理解してよいと思われる。

34) その場合，銀行は，預金の全額の払戻しを受けた者に対し，同人の相続分を超える部分を不当利得として返還請求することとなるが，未だ正当な預金者（共同相続人）からの払戻請求に応じていない段階でも，「損失」があるといえるというのが，最判平17・7・11判時1911号97頁・判タ1192号253頁である。したがって，銀行は，正当な預金者（共同相続人）からの払戻請求についての解決を待つことなく，直ちに全額の払戻しを受けた者に対して，所要の不当利得返還請求をすることにより，事態の早期解決を図るべきこととなろう。

35) 自己の相続分を超えて預金の払戻しを受けた共同相続人は，他の共同相続人に対し，不法行為に基づく損害賠償義務又は不当利得に基づく返還義務を負うこととなる（最判平16・4・20判時1859号61頁・判タ1151号294頁）。したがって，銀行を介在させることなく，直接に共同相続人間で不当利得返還請求訴訟等を提起し，解決を図ることも可能である。

36) 債権差押命令の申立書には，差し押さえるべき債権の種類及び額その他債権を特定するに足りる事項を明記しなければならないとされている（民執規133条2項）。そして，債権差押命令の手続が，たまたま債務者に対する債務を負担していたにすぎない第三債務者の協力を必要としているものであることに特徴がある。そうである以上，第三債務者に酷な負担を強いることは許されず，第三債務者において，差押債権の表記を合理的に解釈した結果に基づき，格別の負担を伴わずに調査することによって他の債権と誤認混同することなく差押債権を認識し得る程度に至っていて初めて，十分な特定がされていると判断されることとなる。

金債権を差し押さえることができるかは一つの論点であるが，実務の大勢は原則として差し押さえることができるとするものである。[37]

債権者が債務者の預金債権を差し押さえた場合，債務者に対して差押命令が送達された日から1週間を経過したときは，その債権を取り立てること（預金債権の払戻しを請求すること）ができる（民執155条1項）。取立権の行使として，定期預金を満期前に解約することができるかについて，これを否定した裁判例がある。[38]

第三債務者が任意に応じないときは，取立訴訟（第三者の法定訴訟担当）を提起し，直接自己に対して支払を求めることができる（民執157条）。

債権者は，差押えが競合していないなどの所定の要件を満たす場合には，

> 近年，特に問題となっているのは，預金債権の差押えに当たり，同一の銀行の複数の支店ごとに差押債権の額を割り付けるのではなく，順位づけをする方法により差押命令の申立てをすることができるかという問題である。
> 東京地方裁判所民事執行センターでの実務は，支店の順位づけを認めない取扱いとなっているようである。滝澤孝臣「同一銀行の複数の支店に順位を付した預金債権に対する仮差押え―最近の東京高裁決定を概観して」銀法664号（2006）34頁，齋藤隆＝飯塚宏編著『ＬＰシリーズ民事執行』（青林書院，2009）264頁，大門匡編・民事執行判例・実務フロンティア〔別冊判タ24号〕（2009）247頁参照。

37) 民事執行法上の差押禁止債権は賃金債権であり，原則としてその4分の3は差押えが禁止される（民執152条）。他の法律による差押禁止債権として，社会保障関係の受給権等が多数存在する。社会政策的な配慮に基づくものであるとされる。
　年金に対する差押えを禁止する法の趣旨をまっとうするためには，年金債権のみならず，年金自体（受領した金員）に対する差押えも許すべきではなく，預金債権の原資が年金であることの識別，特定が可能であるときは，当該預金債権の差押えは年金自体に対する差押えと同視できるとして，年金が振り込まれた預金債権の差押えが許されないとした裁判例がある（東京地判平15・5・28金判1190号54頁・金法1687号44頁）。中野貞一郎『現代法律学全集23民事執行法〔増補新訂6版〕』（青林書院，2010）656頁・661頁は，この裁判例を「注目すべき裁判例」として引用し，同旨の見解を採用している。
　これに対しては，執行裁判所は，債務者及び第三債務者を審尋することができないから（民執145条2項），発令前に当該預金の原資を明らかにすることは不可能を強いるものであるとの批判がされている。
　また，金融機関が，国民年金及び労災保険金が振り込まれていた口座に係る預金債権を受働債権としてした相殺について，これを有効とした判例もあるところであり（最判平10・2・10金判1056号6頁・金法1535号64頁は，その旨の原判決に対する上告を例文で棄却している。），基本的には，差押禁止債権を原資とする預金債権を差し押さえることは，原則として可能であるというのが実務の対応である。大門編・前掲注36) 256頁参照。
38) 東京地判平20・6・27金法1861号59頁，梶山玉香「預金の差押え債権者による定期預金の期限前払戻請求の可否（東京地判平成20・6・27）」潮見ほか編・前掲注20）208頁参照。

執行裁判所に対し，転付命令を申し立てることもできる（民執159条）。転付命令が発せられると，被転付債権が同一性を維持したまま債権者に移転し，券面額で代物弁済されたのと同様の効果を得ることができる。

(3) 差押えを受けた預金者の払戻請求

債権差押命令が発せられると，債務者は債権の取立てその他の処分を禁止され，第三債務者は債務者への弁済を禁止される（民執145条1項）。ただし，債務者は被差押債権の管理処分権まで失うわけではないので，第三債務者に対して当該債権の給付訴訟を提起することができる[39]。その場合，債権者が提起した取立訴訟と，債務者が提起した給付訴訟との両方を，無条件で全部認容して差し支えないものとされている。

2．損害賠償請求訴訟

〔1〕 実体法上の問題点

預金者が，過誤払いを行った銀行に対し，預金取引に関して損害賠償請求訴訟を提起することもないではないが，過誤払いが預金者に対して対抗することができるものであれば，損害賠償の余地はないし，対抗することができないのであれば，預金債権は未だ存続しているので，その行使をすれば足りる。

その問題点は，預金払戻請求訴訟において検討した準占有者に対する弁済をめぐる問題点にほかならない。

そのほか，預金者が銀行に対して損害賠償を請求する場合としては，銀行によって預金が取引停止されたことを違法として不法行為に基づき損害賠償を請求する訴訟が考えられる。

---

39) 旧（昭和54年改正前）民事訴訟法下での仮差押えの事例であるが，最判昭48・3・13民集27巻2号344頁参照。

損害賠償請求訴訟の実体法上の問題点は以下のとおりである。

銀行によっては，取引規程において，預金口座が法令ないし公序良俗違反に反して不正利用され，又は不正利用されるおそれがあるときに預金の解約ないし取引停止を行うことができる旨を定めることがある。このような場合，捜査機関から，特定の口座がいわゆる「振り込め詐欺」に悪用されているとの通知がされると，銀行は前記の規程に基づいて預金の解約ないし取引停止をすることとなる。捜査機関は，前記のような通知をするに当たっては，当該口座が不正利用されているとの嫌疑の有無について所要の捜査を遂げる必要があり，そのような捜査も経ずに前記通知をすることは国家賠償法上違法と評価され得る。他方，銀行としては，捜査機関からの通知を受けた場合，その通知内容について調査義務を負うものではないとされている。[40]

〔2〕 手続法上の問題点

この訴訟は，通常の損害賠償請求訴訟に他ならず，この訴訟に特有の手続法的問題は見当たらない。

Ⅲ 信託取引関係訴訟

信託とは，法定の方法により，特定の者が一定の目的に従い，財産の管理又は処分その他の当該目的の達成のために必要な行為をすべきものとすることをいうが（信託2条1項），その特徴を際だたせるために，あえて典型的な

---

40) 東京地判平20・11・12判時2040号51頁・判タ1305号117頁，松井雅典・平成21年度主判解〔別冊判タ29号〕100頁。ただし，本件では，当該口座が預金者（法人）の従業員に対する給与の振替えに利用されていた経緯もあったほか，当該法人の代表者が当該銀行の出身者であるなど一定の人的関係もあったようであり，銀行が警察署長からの通知に疑問をもつ素地はあったとはいえよう。

例を前提として単純化すると，財産の所有者（委託者）が財産を受託者に移転し，第三者（受益者）のために管理することを依頼する制度である。[41]

その特徴として，以下の5点が挙げられている。[42]

① 他人による財産管理，処分のための法制度であること。
② 財産権は，委託者によって受託者に移転され，名義も受託者のものとなること。
③ 受託者は信託財産につき，対外的に唯一の管理，処分権者となること。
④ 受託者の任務の遂行，権利の行使は，信託目的に拘束され，あくまで受益者のために行われること。
⑤ 信託財産は，あくまで委託者や受益者から独立し，同人らの責任財産を構成しない。したがって，同人らの債権者は，信託財産に対して強制執行することができないこと。

そのような信託取引をめぐる訴訟は，受託者が委託者ないし受益者に対して報酬を請求する訴訟，受益者が受託者に信託受益金の支払を求める訴訟，反対に，委託者ないし受益者が受託者に対して損害賠償を請求する訴訟などからなる。

そこで，以下では，受託者が委託者ないし受益者に対して報酬を請求する訴訟を第1に，受益者が受託者に信託受益金の支払を求める訴訟を第2に，委託者ないし受益者が受託者に対して損害賠償を請求する訴訟を第3に，その実体法上の問題点と，手続法上の問題点とを概観する。

---

41) 信託法は，平成18年12月に全面改正され，平成19年9月30日から施行されている。旧信託法は，大正11年に制定されたものであるが，近年，信託を利用した金融商品が幅広く定着し，資産流動化目的など制定当時には想定されなかった形態での信託の利用もされるようになったのに，これに対応するような改正がされていなかった。そこで，今回のような抜本的かつ全面的な改正に至ったのであるが，その要点は，以下の3点にまとめられる。第1点として，旧信託法が過度に規制的であったとの認識の下，受託者の義務の内容を合理化している点である。第2点として，受益者の権利行使の実効性，機動性を高める規定や制度を整備している点である。第3点として，多様な信託の利用ニーズに対応するため，自己信託等，新たな類型の信託の制度を創設している点である（寺本昌広「新しい信託法の概要」佐藤哲治編著『よくわかる信託法』（ぎょうせい，2007）2頁以下）。

42) 福井・前掲注3) 274頁以下を参照。

1. 信託報酬請求訴訟

　信託報酬請求訴訟とは，受託者が委託者ないし受益者に対して報酬を請求する訴訟であって，その実体法上の問題点及び手続上の問題点は以下のとおりである。

> 〔1〕　実体法上の問題点
>
> 　信託報酬請求訴訟において問題となるのは，信託行為，信託の効力発生，報酬支払の合意等である。

(1) 信 託 行 為

　(a) 信託は，多くの場合，委託者と受託者との契約によって成立するが（信託3条1号）[43]，遺言によっても成立することがあるし（同条2号），自己の財産を他人のために管理，処分する旨の意思表示をすることによっても成立する（同条3号）[44]。これらを総称して信託行為という（信託2条2項）。

　したがって，まずは委託者と受託者との間で信託契約を締結したこと，又は委託者が上記遺言ないし上記信託宣言をしたこと等，信託行為がされたことを主張立証する必要がある。

---

[43] 最判平14・1・17民集56巻1号20頁・判時1774号42頁・判タ1084号134頁は，地方公共団体から公共工事を請け負った業者が支払われた前払金（必要経費以外に引き出すことは許されず，金融機関の窓口にも，そのつど所要の資料を提出しなければならない。）を原資とする別口普通預金について，地方公共団体と業者の間で，前払金を信託財産とする信託契約が成立したものとした。

[44] いわゆる信託宣言による自己信託である。旧信託法では，これが明示されていなかったため，可能か否かについて争いがあったが，現行信託法の制定において，これを立法的に解決したものとされている（小賀野晶一「信託の設定」道垣内弘人＝小野傑＝福井修編・新しい信託法の理論と実務〔増刊金判1261号〕（2007）24頁参照）。

(b)　信託財産は，その性質上，委託者から移転できるものであり，積極財産であることが必要であるが，それ以外に制限はなく，例えば担保権だけを被担保債権とは切り離して信託することも認められている（信託3条1号・2号）。

　(c)　信託も所有権等の移転を伴うものである以上，公示が必要となる。信託の場合，委託者から受託者に所有権が移転していることのほか，これが受託者の固有財産ではなく，信託財産であることも，公示の対象となる。不動産のように，登記，登録制度のあるものは，信託の登記又は登録をしなければ，当該財産が信託財産に属することを第三者に対抗することができないとされている（信託14条）。しかし，登記，登録制度のないものについては，上記の反対解釈として，何らの公示なくして，当該財産が信託財産に属することを第三者に対抗することができると解することとなる。

(2)　信託の効力発生

　信託契約による信託は，信託契約の成立により効力を生ずる（信託4条1項）。

　遺言による信託は，当該遺言の効力発生によりその効力を生ずる（信託4条2項）。遺言は，遺言者の死亡の時から効力を発生するから（民985条1項），この類型の信託は遺言者の死亡により効力を発生することとなる。

　信託宣言による信託は，これが公正証書等の作成によりされたときは当該公正証書等の作成，公正証書等以外の書面等によりされたときは，受益者となる者に対し確定日付のある書面等により当該信託がされた旨の通知により効力を発生する（信託4条3項）。

---

45)　旧信託法下における通説は，積極財産しか信託財産とはなり得ないとしていた（四宮和夫『信託法〔新版〕』（有斐閣，1989）133頁。現行信託法は，信託法21条1項3号において，信託前に生じた委託者に対する債権も信託行為の定めによって信託財産責任負担債務とすることができるとしており，これにより積極財産と消極財産の総体である事業そのものを信託すること（事業信託）ができることとなった（早坂文高「事業型商事信託」道垣内ほか編・前掲注44）173頁，新井誠監修『コンメンタール信託法』（ぎょうせい，2008）67頁以下〔植田淳〕参照）。東京地判平5・5・13判時1475号95頁・金法1367号139頁及びその控訴審東京高判平7・4・27金法1434号43頁は，現行信託法施行前の事案であるが，信託財産の範囲を広く認める見解に立っている。その上告審最判平11・3・25判時1674号61頁・判タ1001号77頁は，上告を棄却したが，その論点について明確な説示はしていない。

したがって、これらの類型に応じ、信託の効力発生要件を主張立証しなければならない。

(3) 信託報酬支払の合意等

信託は信頼関係を基礎とするので、委任同様（民648条1項）、受託者は原則として報酬を受ける権利を有しないとされている。ただし、信託契約その他の信託行為において信託財産から信託報酬支払の特約がされたときは、受託者は信託報酬を請求することができる（信託54条1項）。信託報酬の特約等に信託報酬の額又は算定方法の定めがあるときは、これに従った信託報酬を請求することができ、そのような定めがないときは、相当額の信託報酬の支払を受けることができる（同条2項）。

そのような特約がない場合でも、受託者が商人である場合のように、商法512条が適用される場合には[46]、信託報酬を請求することができる。

実務上は、商人ではない者が受託者となる民事信託は例が少なく、信託銀行が受託者となる商事信託がほとんどであるとされる。そして、その代表的な類型としては、以下の4つがあるとされる[47]。

① 預金型商事信託

委託者兼受益者が、受託者に金銭を信託し、受託者においてこれを金融の原資として運用し、収益を受益者に配分するものである。預金類似の信託であり、最近はウェイトが低下しているとされる。

② 運用型商事信託

委託者兼受益者が、受託者に金銭を信託するという点では、預金型商事信託と類似しているが、預金型商事信託が貸付金として運用するのに対し、

---

[46] もともと商人である者が営業の範囲内において信託の引受けをする場合がこれに該当する。また、信託の引受けは営業的商行為であり（商502条13号）、営業として信託を引き受ける者は商人となるから（商4条1項）、これらの者も商法512条に基づき、信託報酬を請求することができることとなる。

[47] 福井・前掲注3）288頁。なお、道垣内ほか編・前掲注44）には、「新しい信託法と実務対応」として、9つの類型に分けて、それぞれの信託の類型について説明がされている。

運用型商事信託は有価証券への運用が中心となる点，最終的な運用成績が確定するまで実際の収益が確定しない点に特徴がある。有価証券の運用に当たり，委託者又は委託者の指名した投資顧問会社が運用裁量を有する場合もある。

③　事業型商事信託

例えば，委託者兼受益者が土地を受託者に信託し，受託者が当該土地に建物を建てるなどして事業を行う土地信託が典型であるとされる。

④　転換型商事信託

取引の対象ないし客体の性質を変化させるために信託の仕組みが利用されるものであり，その典型は，信託を利用して資産流動化を行うものとされている。

以上のとおりであるから，信託報酬を請求する場合には，信託報酬の特約又は商法512条の要件並びに報酬額を主張立証しなければならない。

(4)　信託報酬の支払義務者及び支払方法

次に問題となるのは信託報酬の支払義務者である。特約があれば特約の定めに従い委託者ないし受益者が支払義務者となり，信託財産から支払うこととすることもできる。[48]特約がなく，商法512条の適用がある場合には，[49]第一次的には委託者が支払義務者となり，補充的に信託財産とすべきものと解される。[50]

信託財産から信託報酬を受ける場合，信託財産に属する金銭を固有財産に帰属させることができる（信託54条4項・49条1項）。受託者と受益者が合意した場合，受託者が受益者から直接に信託報酬の支払を受けることも何ら妨げ

---

[48]　このような特約が可能であること，このような特約を信託行為の一部として又は信託行為とは別途の合意として行い得ることについては，三菱ＵＦＪ信託銀行編著『信託の法務と実務〔5訂版〕』（金融財政事情研究会，2008）109頁参照。

[49]　商法512条の適用範囲については，滝澤孝臣「基本から考える(17)有償契約と商法512条の適否」銀法685号（2008）46頁を参照。

[50]　四宮・前掲注45）296頁以下。この考え方は，現行信託法の下でも妥当するものと解される。

られない（信託54条4項・48条5項）。[51]

> **〔2〕 手続法上の問題点**
>
> 信託報酬請求訴訟における手続法上の問題点としては，信託事務の先履行，受益者に対する債務との同時履行の抗弁権を取り上げる。

(1) 信託事務の先履行

受託者は，信託報酬を受けることができる場合であっても，信託に係る事務を履行した後でなければ，報酬を請求することができない（信託54条4項，民648条2項）。

したがって，受託者は，信託事務を履行したことも，主張立証しなければならないものと解される。

(2) 受益者に対する債務との同時履行

信託行為に別段の定めがない限り，受託者の信託報酬請求権と受益者等の

---

[51] 信託法48条5項は本来的には費用償還請求に関する規定である。この点に関し，神戸地判平21・2・26金判1324号42頁は，信託契約に基づく業務遂行過程で受託者が負担した債務（地方公共団体が委託者となり，信託銀行に土地を信託し，同土地上にスポーツレクリエーション施設を建設することを目的とするものであったところ，その事業費として信託銀行が約75億円を借り入れていた。）につき，原則として信託財産から償還を受けるべきものであり，委託者が償還に応ずる旨の特約もないとして，信託銀行の地方公共団体に対する費用償還（補償）請求を棄却した。東京地判平21・6・29判時2061号96頁・判タ1311号283頁は，受託者たる信託銀行が，委託者の指図に基づいて，有価証券等を転売したところ，転売先が間もなく倒産したことから，否認訴訟を提起されて和解金の支払を余儀なくされたという事案において，受託者が，委託者に対し，費用の償還（補償）を求めたが，原則として信託財産から償還を受けるべきものであり，委託者がこれに応ずる旨の特約もなかったとして，請求を棄却した。ただし，委託者は，受託者に対し，前記転売につき否認される危険があると告げる信義則上の義務があったとして，損害賠償請求は認容した。これらの裁判例を前提とすると，特約ないし商法512条の適用がない限り，受益者や委託者が信託報酬支払義務を負うことはないということとなろう。

信託財産に係る給付とは同時履行の関係にあるものとされている（信託54条4項・51条）。

したがって，受託者は，受益者等から信託財産の引渡しを請求されたとしても，同時履行の抗弁権を主張して，信託報酬の支払を受けるまでその引渡しを拒むことができる。

2．受益債権請求訴訟

受益債権請求訴訟とは，受益者が，受託者に対し，受益権の行使として，受益債権の履行を請求する訴訟である。もっとも典型的なものは信託受益金の支払を求める訴訟であるから，これを前提として説明することとする。

〔1〕 実体法上の問題点

信託受益金を請求するためには，信託受益権が発生していることが必要である。その主要な要件は信託行為であるが，これは既に説明したとおりである（1〔1〕(1)）。信託受益権の内容は様々であるが，その内容として一定額の金員を受給することができる旨を信託行為等で定めた場合には，信託受益権の行使として，当該金員の支払を請求することができる。

ここでは，信託行為に関連し，信託受益権の発生の前提としての受益者の受益の意思表示の要否について説明することとする。

信託における受益権は，信託行為の当事者ではない受益者が受益することとなるから，第三者のためにする契約として，当該第三者による受益の意思表示が必要であるのが原則である（民537条2項）。しかし，信託においては，信託行為の定めにより受益者となるべき者として指定された者は，当然に受益権を取得するものとして，受益の意思表示なくして受益権を享受し得る旨

を定めている（信託88条1項本文）。したがって，受益者が受益権を享受するために受益の意思表示を行うことは，原則として必要ない。

ただし，信託行為に別段の定めがあるときはこの限りではないとされているので（信託88条1項ただし書），信託行為において，受益の意思表示を受益権享受の要件とする旨の定めがされたような場合には，受益者が受益の意思表示を行うことが必要となる。

もっとも，受益者が受益権を享受することを望まない場合には，受託者に対して受益権を放棄する旨の意思表示を行うことにより，受益権を放棄することができ（信託99条1項本文），その場合には最初から受益権を有していなかったものとみなされる（同条2項）。

〔2〕 手続法上の問題点

信託財産に属する財産に対しては，信託財産負担債務に係る債権に基づく場合を除き，強制執行等をすることができない（信託23条1項）。信託財産は形式的には受託者に属するものの，実質的な権利者は受益者であるからである。ただし，受益権は名実ともに受益権者に属するものであるから，これに対して強制執行等をすることは差し支えない。

投資信託において信託受益権が信託受益証券として発行された場合に，その発行の仕方ないし信託受益証券の所在により，強制執行の方法が変わり得た。しかし，平成21年1月5日から社債，株式等の振替に関する法律が施行され，いわゆる証券の電子化が行われることになり，振替機関や口座管理機関が作成する振替口座簿の記載，記録により権利の帰属が定まる制度となっている。その制度の下では，一定の信託受益権は「社債等」として同制度の適用対象となるので（社債株式振替2条1項8号～10号・10号の2），これらに対する強制執行は振替社債等に関する強制執行の方法（民執規150条の2以下）によって行われることとなる。[52][53]

3. 損害賠償請求訴訟

損害賠償請求訴訟とは，委託者ないし受益者が，受託者に対して受託者としての義務違反を主張して，損害賠償を請求する訴訟である。

---

〔1〕 実体法上の問題点

損害賠償請求訴訟の実体法上の問題点は，受託者の負う義務の内容及びその義務違反の有無である。

受託者の義務としては，善管注意義務（信託29条），分別管理義務（信託34条），忠実義務（信託30条），自己執行義務（信託28条），帳簿等作成義務（信託36条～38条）が代表的なものであるが，その中でも特に重要なのは善管注意義務と忠実義務であろう。

善管注意義務とは，信託事務を処理するには，善良なる管理者の注意をもって当たらなければならないとの義務である。受託者は委託者及び受益者の信認を受けて，信託財産を委ねられているのであるから，自己の財産に対するのと同一の程度ではなく，善良なる管理者としての注意義務を課されるに至っ

---

52) 東京地方裁判所民事執行センター実務研究会編著『民事執行の実務―債権執行編(下)〔第2版〕』（金融財政事情研究会，2007）200頁以下，榎本光宏ほか「社債等の振替に関する法律の施行に伴う民事執行規則および民事保全規則の一部改正の概要（振替社債等に関する強制執行等の手続の概要）」金法1667号（2003）51頁以下。

53) 最判平18・12・14民集60巻10号3914頁・判時1957号53頁・判タ1232号228頁は，投資信託委託業者（委託者）が信託銀行（受託者）に対して証券投資信託をし，その受益権は受益証券に化体させて販売会社を通じて一般の投資家に販売されたが，受益証券自体は販売会社が保護預りをしていた事案において，投資信託受益証券購入者を債務者とし，販売会社を第三債務者として一部解約金支払請求権を差し押さえた債権者は，債務者と第三債務者との契約内容にかんがみ，取立権の行使として解約実行請求を行ったうえでこれを取り立てることができるとした。

たものである。[54]

　忠実義務[55]とは，受託者はもっぱら受益者の利益のために行動しなければならない義務をいう。忠実義務違反の典型的な行為は，利益相反行為（信託31条1項）及び競合行為（信託32条1項）[56]である。

　したがって，受益者が，受託者に損害賠償を請求するには，受託者の義務（善管注意義務や忠実義務）を特定するとともに，その義務違反の事実を主張立証しなければならない。[57]

〔2〕　手続法上の問題点

　損害賠償請求訴訟の手続法上の問題点としては，受託者に対する債権に係る引当てとなるべき財産の範囲の問題がある。

　信託財産は，形式的には受託者に帰属するが，実質的な権利者は受益者で

---

54)　新井監修・前掲注45）118頁以下〔木村仁〕。
55)　忠実義務は新信託法で明文化されたものであるが，その内実や立法経緯に関しては，吉永一行「忠実義務論に残された課題に関する一考察―法制審議会信託法部会における議論の整理と分析を通じて」米倉明編著『信託法の新展開』（商事法務，2008）125頁以下参照。
56)　新井監修・前掲注45）123頁以下〔木村〕。
57)　受託者の損害賠償責任が追及された事例として，いわゆるアセット・ミックス（運用先の構成比率。国内債券〇～〇％，外国株式〇～〇％などと定められることが多いようである。）遵守義務違反が認められたものがある。すなわち，神戸地判平15・3・12判時1818号149頁・判タ1218号244頁は，受託者が，委託者からアセット・ミックスについて指示されていたのに，これとは異なる比率で投資を行った受託者には債務不履行があるとした。ただし，大阪高判平17・3・30判時1901号48頁・金判1215号12頁により，主として事実認定（委託者の強い希望により，高い利回りを狙って構成比率を一部変更していたなどと認定）の違いにより，取り消されている。
　また，大阪地判平18・7・12判時1963号88頁・判タ1233号258頁は，受託者と投資一任契約を締結した投資顧問業者が，アセット・ミックスから乖離する取引を行っている場合には，債務不履行責任を免れないとした。ただ，アセット・ミックスに適した投資を継続していれば，現実の投資よりも利回りが低かったと認定したため，損害は生じていないと判断された。

あることから，受託者個人の債権者が信託財産をも当該債権の引当てとして期待することは不合理といわざるを得ず，したがって，このような債権者が信託財産に対して強制執行を行うことは禁止される（信託23条1項）。このような制限に違反して強制執行がされた場合には，受託者ないし受益者は，第三者異議の訴え（民執38条）を提起することにより，救済を求めることができる（信託23条5項）。

ただし，信託財産のためにした行為であって受託者の権限に属するものによって生じた権利や，信託財産のためにした行為であって受託者の権限に属しないものであっても受託者の権限違反行為として取り消すことができないもの（信託27条参照）等により生じた権利に係る債務（信託21条1項4号・5号）については，信託財産責任負担債務として，第一義的には受託者個人が責任を負い，同時に信託財産も責任を負うこととされる。[58] 他方，受益債権に係る債権のように，信託財産のみが引受けとなる債務もある（同条2項）。

したがって，これらの区分に応じて強制執行等を行う必要がある。

---

[58] 新井監修・前掲注45) 79頁以下〔植田淳〕。

第3章

商品先物取引関係訴訟

I 総　　説

　商品先物取引法において，商品先物取引とは，商品取引所の定める基準又は方法に従って商品市場において行われる取引のうち，「当事者が将来の一定の時期において商品及びその対価の授受を約する売買取引であって，当該売買の目的物となっている商品の転売又は買戻しをしたときは差金の授受によって決済することができる取引」をいうとされている（商品先物2条3項1号）。

　商品先物取引をめぐる訴訟の形態の大多数を占めるのは，顧客が，業者の義務違反等を責任原因として，その結果生じた取引上の損害の賠償を請求するというものである。この場合，当該取引において業者がどのような義務を負っていたかが問題となり[1]，これについては金融商品取引法や商品先物取引法，あるいはその下位規範（指針等）によって導き出されることになる[2]。ま

---

1)　これは，不法行為を法的根拠とする場合も，債務不履行を法的根拠とする場合も基本的には変わりがない。
2)　先物取引のうち，いわゆる金融先物取引（株価指数先物取引，債券先物取引，通貨先物取引，金利先物取引及び外国為替証拠金取引）については金融商品取引法の適用があり，同法の行為規制が及ぶことになる。これに対し，商品先物取引については，国内市場における同取引，商品指数先物取引及び商品指数オプション取引については旧商品取引所法が，海外市場については旧海外先物規制法（海外商品市場における先物取引の受託等に関する法律）がそれぞれ適用されることになっていたが，商品先物取引法の施行により同法が包括して規制

た、義務違反が認められた場合の損害の範囲、因果関係の存否も問題になるが、次に（義務違反と表裏の問題として）過失相殺の可否及びその割合が大きな問題になる。また、最近は、上記損害賠償構成だけではなく、当該取引の基礎となった契約の効力を否定し、それによって生じた損害の補てんを、不当利得返還請求権を根拠として求める場合もみられるようになっている。この場合、従来は民法の意思表示に関する規定（民93条〜98条の2）が用いられてきたが、近時は消費者契約法に基づく無効（消費契約8条〜10条）等の主張もみられるようになっている。

これに対し、業者が顧客に対して、取引に基づいて生じた差損金の支払を請求する類型もある（以下この類型を「差損金請求訴訟」という。）。これは、取引に基づいて発生した損失の補てん等を目的とするという点では、前記損害賠償請求訴訟と密接な関連性を有するものであり、本訴・反訴といった形で、同一手続の中で審理判断されることも少なくない。

Ⅱ　損害賠償請求訴訟

商品先物取引関係訴訟においては、顧客が当該取引によって生じた損害に

するところとなった。そして、商品先物取引法は、商品取引所の組織、商品市場における取引の管理等について定め、その健全な運営を確保するとともに、商品先物取引業を行う者の業務の適正な運営を確保すること等により、商品の価格の形成及び売買その他の取引並びに商品市場における取引等の受託等を公正にするとともに、商品の生産及び流通を円滑にし、もって国民経済の健全な発展及び商品市場における取引等の受託等における委託者の保護に資することを目的としている（商品先物1条）。このように、商品先物取引法の目的は、国民経済の健全な発展及び取引等の受託等における委託者の保護という点にあり、取引業者に課される種々の行為規制も、かかる目的、特に委託者保護という観点から規定されているものといえる。この点、平成19年9月に施行された金融商品取引法において、商品先物取引は同法の規制対象とはならず、旧商品取引所法による規律を引き続き受けることとなった。しかし、平成21年7月に旧商品取引所法が商品先物取引法に改正され、商品先物取引業者の行為規制が強化・整備された。具体的には、不招請勧誘の禁止、勧誘目的を明示しないセミナーの禁止、作為的相場形成の禁止及び差玉向かいに係る説明義務に関する各規定が新設され、適合性原則、説明義務、書面交付義務及び両建取引の勧誘禁止等の規定が整備された。また、各行為規制については、その解釈指針につき、「商品先物取引業者等の監督の基本的な指針」（以下「基本指針」という。）が策定されており、これも参考にする必要がある。

つき，その損害が業者の義務違反等の責任によるものであるとしてその賠償を求める類型が最も基本となる。

---

〔1〕 実体法上の問題点

不法行為に基づく場合であっても，債務不履行に基づく場合であっても，損害賠償請求に当たっては，被告である商品先物取引業者等の行為に違法性があることが要件となる。そしてこれを態様により区別すれば，作為による違法行為の場合と，不作為（義務懈怠）による違法行為の場合とに大別できるように思われる。前者の場合としては，適合性原則違反（不適格者の勧誘行為），断定的判断の提供，無断売買及び特定売買，過当売買がそれぞれ該当するものと思われ，後者については，説明義務違反等が該当するものと思われる。以下では，かかる違法行為の類型ごとに若干の検討を加えることにする。

1．違 法 性

(1) 説明義務違反

商品先物取引業者は，商品取引契約を締結しようとする場合において，商品先物取引法施行規則107条の定めるところにより，あらかじめ，顧客に対し，商品先物取引法217条1項各号に掲げる事項について説明をしなければならず（商品先物218条1項），その説明は，顧客の知識，経験，財産の状況及び当該商品取引契約を締結しようとする目的に照らして，当該顧客に理解されるために必要な方法及び程度によるものでなければならない（同条2項）[3]。

---

[3] 基本指針Ⅱ－4－3－2(1)は，顧客に対する説明等における留意点について詳細に規定している。例えば，説明体制に関する主な着眼点としては以下のような諸点を挙げている。① 契約締結前交付書面の記載事項を説明する場合において，顧客の知識，経験，財産の状況及び商品取引契約を締結する目的に照らして当該顧客に理解されるために必要な方法及び程度

そして，商品先物取引業者が，顧客に対し上記のような説明義務を負う場合において，断定的判断を提供したり（商品先物214条1号違反），又は商品先物取引法217条1項1号から3号までに掲げる事項について説明をしなかったときは，これによって当該顧客の当該商品取引契約によって生じた損害を賠償する責任を負う（商品先物218条4項）。

説明義務違反が問題になった裁判例を概観すると，大別して，取引開始に先立っての，商品先物取引の一般的危険性に関する説明義務違反が主として問題になった事例と，取引開始後における個々の取引での具体的手法に関する内容又は危険性等に関する説明義務違反が主として問題になった事例とに大別できるように思われる。前者については，裁判例をみる限り，事前の説明がまったくなかった事案はないようであり，説明内容の不十分さが中心的争点になっている事案が大多数を占めるように思われる。特に，取引の具体的仕組み及び顧客にとってのリスクに関する説明がどの程度されていたかが義務違反認定の際の大きな要素となっているように思われる。

を適切に選択し，適合性の原則を踏まえた適切な説明がなされる体制が整備されているか，②イ　取引を行うメリットのみを強調し，取引による損失の発生やリスク等のデメリットの説明が不足していないか。ロ　セールストーク等に虚偽や断定的な判断の提供となるようなものはないか。ハ　商品や取引を説明する際の説明内容は客観的なものか，恣意的，主観的なものになっていないか。ニ　商品や取引の内容（基本的な商品性及びリスクの内容，種類や変動要因等）を十分理解させるように説明しているか，特に，契約締結前交付書面に係る規定の趣旨等を踏まえ，顧客判断に影響を及ぼす重要な事項を先に説明するなど，顧客が理解をする意欲を失わないよう努めているか。ホ　当該商品デリバティブ取引に関して誤解を与える説明をしていないか，特に，商品先物取引業者によって元本が保証されているとの誤解を与えるおそれのある説明をしていないか，また，商品デリバティブ取引において，相場の変動等により損金が発生した場合，そのポジションを保持するために追加的に証拠金又は現金を預託しなければならない必要があるにもかかわらず，その説明を怠り，顧客に誤解を与えるおそれのある説明をしていないか。ヘ　第三者が作成した相場予測等を記載した資料（新聞記事，アナリストレポート等を含む。）を用いて勧誘を行う場合において，当該相場予測等の内容が偏ったもののみを恣意的に利用していないか。ト　その他，顧客に不当な負担となる，あるいは経済的合理性に欠ける商品や取引の勧誘，又は商品取引契約を締結するにあたって重要な事項の説明不足はないか。
4)　後者の説明義務違反については，「取引開始後の助言義務」という概念で説明する見解もあるが，ここでは説明義務違反の一場合として位置づけることにする。
5)　この点，商品取引員がいわゆる差玉向かい（差玉の全部又は一定割合に対当する自己玉を建てることを繰り返す取引手法）を行っていた場合につき，最判平21・7・16民集63巻6号1280頁・判時2066号121頁・判タ1315号84頁は，「特定の種類の商品先物取引について差玉

(2) 適合性原則違反

　商品先物取引においても，適合性原則違反が顧客に対する不法行為となる場合があるという点は，金融商品取引の場合と同様と解されており，近時の裁判例もこのことを当然の前提としているように思われる[6]。この場合，基本指針Ⅱ－4－2に適合した取引であったかが，違法性認定に当たっての大きな要素になってくるものと思われる。

(3) 断定的判断の提供

　商品先物取引業者は，顧客に対し，不確実な事項について断定的判断を提供し，又は確実であると誤認させるおそれのあることを告げてその委託（商品先物200条1項2号～6号）を勧誘することをしてはならない（商品先物214条1号）。この点，基本指針Ⅱ－4－3(1)は，「不確実な事項」の意義につき，商品の価格動向，商品デリバティブ取引による損益等が該当するとし，断定

　向かいを行っている商品取引員が専門的な知識を有しない委託者との間で商品先物取引委託契約を締結した場合には，商品取引員は，上記委託契約上，商品取引員が差玉向かいを行っている特定の種類の商品先物取引を受託する前に，委託者に対し，その取引については差玉向かいを行っていること及び差玉向かいは商品取引員と委託者との間に利益相反関係が生ずる可能性の高いものであることを十分に説明すべき義務を負い，委託者が上記の説明を受けた上で上記取引を委託したときにも，委託者において，どの程度の頻度で，自らの委託玉が商品取引員の自己玉と対当する結果となっているのかを確認することができるように，自己玉を建てる都度，その自己玉に対当する委託玉を建てた委託者に対し，その委託玉が商品取引員の自己玉と対当する結果となったことを通知する義務を負うというべきである。」とした。また，最判平21・12・18裁判集民232号833頁・判時2072号14頁・判タ1318号90頁は，委託玉と自己玉とを通算した売りの組高と買いの取組高とを均衡するように自己玉を建てることを繰り返す取引手法について，信義則上，その取引を受託する前に，商品取引員が，委託者に対し，その取引については上記取引手法を用いていること及び上記取引手法は商品取引員と委託者との間に利益相反関係が生ずる可能性の高いものであることを十分に説明すべき義務を負うものというべきであるとした。これら最判の趣旨からすると，少なくとも，顧客と商品取引員との間で利益相反が生じるおそれがある取引を行う場合は，事前にその旨を十分に説明する必要があるということになると思われる。これら最高裁判決を受けて，商品先物取引法214条10号及び同規則103条1項21号は，差玉向かいに係る説明義務を明文化し，基本指針Ⅱ－4－3－2(6)は，差玉向かいにつき，顧客に対し，商品先物取引法施行規則103条1項21号イ及びロに掲げる旨を，顧客が理解できるよう十分に説明する必要があるとしている。

6) 金融商品取引に関する最判平17・7・14民集59巻6号1323頁・判タ1189号163頁の趣旨は，商品先物取引においても同様に妥当するものと解される。

的判断の提供に該当するかの判断に当たっては以下の点に留意すべきとしている。①「必ず値上がりする。」,「必ず値下がりする。」,「絶対利益が出ます。」,「損はしません。」等の表現を行っていないか,②「必ず」等の表現を使用しなくとも,例えば,「100％とは言えないが値上がりが期待できる。」等の表現により,その表現の前後の文脈や説明の状況から判断して,それが顧客をして「値上がりは間違いない。」と誤認させるおそれがないか（その際,顧客に損害が生じたか否かは関係ない。）。裁判例においては,商品先物取引業者の具体的発言が,不確実な事項についての断定的判断を提供したものといえるかの当てはめが中心的問題になってくるものと思われる。

(4) 無断売買

顧客による委託がないまま商品先物取引を行った場合である。商品先物取引法において,商品先物取引業者は,商品市場における取引等につき,数量,対価の額又は約定価格等その他の主務省令で定める事項についての顧客の指示を受けないでその委託を受けてはならないとされている（商品先物214条3号）。裁判例においては,一任売買と重ねて主張される場合が多い。当該具体的状況において,顧客からの委託があったか否かが中心的争点となる。[8]

(5) 過当売買,特定売買

一定期間内における取引数等に照らし,顧客の意思及び能力を超えた過大な取引（及びその勧誘）が問題となる類型である。業者の手数料稼ぎに利用されるという意味において共通する点があるためと思われるが,実際の訴訟においては,無意味な反復売買の問題などと重ねて主張される場合が多いように思われる。売買の過当性や特定売買該当性の判断に当たっては,①売買回転率,②手数料化率（損金に占める手数料の割合をいう。比率が高い場合は手数料収入目当てであることが推認される。）,③特定売買率（全取引に占める特定売買の割合）[9]

---

7) もっとも,商品先物取引業者の言動が「確実であると誤認させるおそれのあることを告げる」ものであったか否かは,当該勧誘を受ける顧客の属性等を勘案して判断される。

8) 訴訟においては,前後の双方の具体的言動から,委託の存在を推認し得るかが問題になることが多いといえる。

などを考慮すべきとされており，裁判例においてもこれらを検討して過当売買性等を認定判断しているものが多いように思われる。

(6) その他

以上のほかに違法性が問題となり得るものとしては，虚偽告知の禁止（商品先物214条2号），委託又は申込みを希望しない者に対する委託勧誘の禁止（同条5号），迷惑勧誘の禁止（同条6号），勧誘を受ける意思の確認を行うこと（同条7号），両建勧誘の禁止（同条8号），書面交付義務違反[10]（商品先物217条1項）[11]などが考えられる。

2．因果関係

不法行為に基づく損害賠償請求訴訟の場合[12]，損害賠償請求をする顧客は，

---

9) 特定売買とは，①直し（既存の建玉を仕切った同日に，これと同一のポジションの建玉を行うこと），②途転（既存の建玉を仕切るのと同日に，反対のポジションの建玉を行うこと），③日計り（新規に建玉を行い，同一日内にこれを仕切ること），④両建（既存の建玉と反対のポジションの建玉を行うこと），⑤不抜け（取引によって利益が生じているものの，その利益が委託手数料より少なく，差引損になっていること）という5種類の取引の総称である。いずれも，業者による手数料稼ぎ目的の徴表とされている。

10) 商品先物取引業者は，商品市場における取引等につき，顧客に対し，特定の上場商品構成物品等（外国商品市場における上場商品構成物品等に相当するものを含む。）の売付け又は買付けその他これに準ずる取引とこれらの取引と対当する取引（これらの取引から生じ得る損失を減少させる取引をいう。）の数量及び期限を同一にすることを勧誘してはならない。

11) 商品先物取引業者は，商品取引契約を締結しようとするときは，主務省令で定めるところにより，あらかじめ，顧客に対し以下に掲げる事項を記載した書面を交付しなければならない。①当該商品取引契約に基づく取引の額が，当該取引について顧客が預託すべき取引証拠金，取次証拠金又は清算取次証拠金その他の保証金その他主務省令で定めるもの（以下「取引証拠金等」という。）の額を上回る可能性があること及び取引の額の取引証拠金等に対する比率（商品先物217条1項1号），②商品市場における相場その他の商品の価格又は商品指数に係る変動により当該商品取引契約に基づく取引について当該顧客に損失が生ずることとなるおそれがあり，かつ，当該損失の額が取引証拠金等の額を上回ることとなるおそれがあること（同項2号），③①及び②のほか，当該商品取引契約に関する事項であって，顧客の判断に影響を及ぼすこととなる重要なものとして政令で定めるもの（同項3号），④①ないし③の各事項のほか，当該商品取引契約の概要その他の主務省令で定める事項（同項4号）。

12) 契約無効又は取消しを原因とする不当利得返還請求訴訟の場合の，利得と損失との因果関係についても，同様の議論が妥当するのではないかと思われる。

違法行為と損害発生との間の因果関係の存在を主張立証する必要がある。この因果関係については，金融商品取引の場合と同様に，①違法な勧誘行為と取引成立との間の因果関係の存在，及び②取引成立と当該取引に係る商品の価格（相場）下落による損失発生との間の因果関係の存在，に大別されるが，②の認定判断は比較的容易であり，多くの事案で問題になり得るのは①の場合と考えられる。例えば，ある金融商品取引の勧誘において説明義務違反が問題になっている場合，①の因果関係の問題は，当該金融商品取引の仕組みや危険性等に関する説明義務違反と上記取引との間の因果関係ということになるものと思われる（第1章Ⅱ1〔1〕(3)参照）。

3. 損　　害

不法行為に基づく損害賠償請求（債務不履行に基づく場合も同様と考えられる。）における「損害」とは，一般に，当該不法行為がなければ被害者が有していたであろう利益と，不法行為がされたために被害者が現に有している利益の差額であるとされている（差額説）。この立場を前提とした場合，商品先物取引における損害をどのように捉えるかについては，金融商品取引の場合と同様，購入代金全額であり，これを支出した時点で損害が発生するという考え方（支出説）と，購入時の支出から，既に顧客が受領したり又は受領し得べき額を控除した差額であるとする考え方（差損説）とが考えられるが，商品先物取引においても差損説が妥当と考えられる。なお，顧客からの損害賠償請求に当たっての損害額の推定（金融商品6条），業者の損害賠償責任に関する民法の適用（金融商品7条）といった金融商品の販売等に関する法律（金融商品販売法）の規定は商品先物取引法においても準用されている（商品先物220条の3）（第1章Ⅱ1〔1〕(4)参照）。

4. 過 失 相 殺

商品先物取引に関する損害賠償請求訴訟でも，他の金融商品取引関係訴訟と同様に，顧客の側にも過失があったとして，損害額が一定割合で減額され

る場合が少なくない。もっとも，裁判例をみると，過失相殺がされていないものや，過失相殺割合が比較的低いもの（1割〜2割程度にとどまるもの）もかなりみられる。[13] この点，自己責任の観点を強調又は重視すれば，過失相殺割合が相対的に大きくなる側面もあるように思われるが，裁判例の中で，過失相殺事由として挙げられていたものの中には，金融商品取引の場合と同様に（第1章Ⅱ1〔1〕(5)参照），過失相殺制度が本来予定している射程外の事実も取り込んで判断がされているようにも思われる。もっとも，過失相殺制度を媒介として顧客と業者のリスク分担の適正化を図るという観点からすれば，このような傾向も是認できないではないであろう。

〔2〕 手続法上の問題点

　顧客が業者に対して不法行為，債務不履行又は不当利得を根拠として損害賠償請求する場合，訴訟物をいずれにするか，その選択がまず問題になる。そして，選択後の手続については，通常の訴訟形態とそれほど大きな差異はないといえるが，専門的領域に属する取引であることから，その内容等について的確な理解（共通認識）がもてるような訴訟運営を図る必要があり，そのために一定の工夫が必要となる。以下では，訴訟物の選択及びそれぞれについての主張立証責任の所在を検討したうえで，実際の訴訟運営における留意点について若干の検討を加えることとする。

1．訴訟提起時の留意点

(1) 訴訟物の選択

---

13) このような傾向になる原因としては，被告となった先物取引業者の中には，かなり悪質な勧誘や取引を行っていたと思われる者が相当程度含まれていると推測されることが挙げられよう。

商品先物取引の顧客が，取引業者等の不当勧誘により損害を受けた場合，これを回復するための法律構成としては，前述のとおり，不法行為又は債務不履行に基づく損害賠償請求といったものが考えられる。そして，これまでの裁判実務においては，不法行為に基づく損害賠償請求が主流となっていることは，金融商品取引の場合と同様である（第1章Ⅱ1〔2〕(1)参照）。

(2) 主張立証責任の構造
　(a) 不法行為構成の場合
　　(ア) 請求原因事実とその内容　　不法行為に基づく損害賠償請求（民709条）の請求原因事実は，一般的には，
① 原告が一定の権利又は法的に保護された利益を有すること
② ①の権利や利益に対して被告が違法な加害行為をしたこと
③ ②の加害行為が被告の故意又は過失に基づくこと
④ 原告に損害が発生したこと及びその数額
⑤ ②の加害行為と④の損害発生との間に因果関係があること
であり，これを商品先物取引に関する損害賠償請求でみると，
① 顧客が一定の権利又は法的に保護された利益を有すること
② ①につき，商品先物取引業者等が，顧客に対して，故意又は顧客に対する法的義務違反（過失）に基づき，その権利又は利益を侵害する行為（作為又は不作為）をしたこと
③ 顧客に損害が発生したこと及びその数額
④ ②と③との間に因果関係があること
の4要件が必要になるものと解される。そして特に，②の法的義務違反の存在を基礎づける事実，③の損害の数額及び④因果関係の3点が訴訟における中心的事実となることは，金融商品取引の場合と同様である（第1章Ⅱ1〔2〕(2)(a)参照）。

　　(イ) 抗弁事実とその内容　　商品先物取引に関する損害賠償請求訴訟に関する抗弁事実については，金融商品取引の場合（第1章Ⅱ1〔2〕(2)(b)参照）と同様に，①法的義務違反の不存在を基礎づける事実，②過失相殺を基礎づける事実，③監督義務等の履行又は不存在（使用者責任に対する抗弁）及び，

④消滅時効・除斥期間の経過といったものが考えられる。
  (b) **債務不履行構成の場合**
    (ｱ) **請求原因事実とその内容**　債務不履行に基づく損害賠償請求の場合，金融商品取引の場合と同様（第1章Ⅱ1〔2〕(3)(a)参照），被告業者が負っている義務の履行が十分でないことを理由にするものが多いと考えられる。そして，不完全履行に基づく損害賠償請求の場合の請求原因としては，一般的には，
    ①　契約の成立
    ②　債務者の契約上の義務違反の存在
    ③　債務者の帰責事由の存在
    ④　義務違反の違法性
    ⑤　損害の有無及びその数額
ということになると思われ，これを商品先物取引に即して検討すると，その要件事実は，
    ①　ある商品に関する先物取引契約が成立したこと
    ②　債務者である業者が，①の取引契約上の義務に違反する行為をしたこと
    ③　②の違反行為が，債務者の責に帰すべき事由に基づくものであること
    ④　②により，顧客が損害を受けたこと及びその数額
ということになるものと思われる。
    (ｲ) **抗弁事実とその内容**　抗弁については，金融商品取引の場合と同様（第1章Ⅱ1〔2〕(3)(b)参照）に，
    ①　義務履行を基礎づける事実（説明義務の履行，適合性の存在，売買の際の委託の存在等），
    ②　過失相殺を基礎づける事由の存在及び，
    ③　消滅時効（民166条1項）
が考えられる。
  (c) **不当利得構成の場合**
    (ｱ) **請求原因事実とその内容**　これは，いったん成立した商品先物取引契約が無効又は取り消されたことに基づく請求であるから，原告としては，

① ある商品に関する先物取引契約が成立したこと
② ①の契約に無効又は取消原因があること
③ ②で取消原因がある場合，取消しの意思表示がされたこと
④ 被告の受益と原告の損失及びこれらに因果関係があること

を主張立証すべきことになる。そして，②については，無効又は取消原因の法的根拠（民法，消費者契約法）によってさらに具体化されることになる。例えば，要素の錯誤（民95条）に基づく場合は，表示と真意の不一致及びそれが法律行為の要素に該当するものであることが必要になり，不実告知（消費契約4条1項）の場合であれば，(i)契約締結の勧誘に際して，(ii)重要事項について事実と異なることを告げ，(iii)告げられた内容が事実であると誤認し，(iv)それにより当該契約の申込み又は承諾をしたこと，に該当する具体的事実を主張立証すべきこととなる点は，金融商品取引の場合と同様である（第1章Ⅱ2〔2〕(1)(a)参照）。

　(イ)　**抗弁事実とその内容**　　抗弁については，無効又は取消原因として何を主張するかによって様々なものが考えられる。例えば，錯誤無効の場合であれば，顧客の重過失（民95条ただし書）を基礎づける事実がこれに該当すると考えられる（第1章Ⅱ2〔2〕(1)(b)参照）。

2．訴訟進行・運営上の留意点

(1)　訴状，答弁書，準備書面の記載

　金融商品取引で述べたところ（第1章Ⅱ1〔2〕(4)(a)参照）と同様に，不法行為訴訟であれ債務不履行訴訟であれ，①業者の義務の発生根拠となる，当該取引の具体的仕組み及び取引経過に関する具体的事実関係，②義務違反を示す具体的行為（作為か不作為か等），③損害の発生及びその数額，及び④②と③との因果関係を基礎づける事実といった点を中心に記載することが必要になろう。特に，中心的争点となることが圧倒的に多い①及び②については，当該先物取引の具体的経過を明確かつわかりやすく説明することが何よりも重要であるといってよい。そして，答弁書や被告の準備書面においては，訴状の各記載を前提に，認めるべき点と争うべき点とをきちんと区別できるよ

うに明確な認否を行い，事実認定あるいは法律上の争点を浮き立たせるようにすべきである。

(2) 争点整理

前記(1)のとおり，商品先物取引訴訟においては，①業者の義務の発生根拠となる，当該取引の具体的仕組み及び取引経過に関する具体的事実関係及び，②義務違反を示す具体的行為（作為か不作為か等）が大きな争点となることが多いことから，この点の整理が中心になると考えられる[15]。その際には，まず基礎となる当該先物取引に関する具体的経過について，争いのない点と争いになっている点をできるだけ明確にし，後者については，双方の主張を裏づける証拠（特に書証）があるか，また，人証尋問が必要か，必要とした場合にどのような点につき尋問を行うかを確定していく必要があると考えられる。

(3) 書証及び人証

まず，基本的書証として考えられるのは，金融商品取引の場合と同様（第1章Ⅱ1〔2〕(4)(c)参照）に，取引の契約書及びそれに先行する説明等の際に用いられた説明書，パンフレット，取引に関する顧客の同意書，売買に関する報告書といったものと思われる。当該先物取引当時に実際に顧客に渡されたこれら文書を顧客が保存しているというのであれば，その原本の証拠調べが必須と考えられることも同様である。また，説明義務違反の存否が問題となっている事案において，説明を担当した商品先物取引業者等の社員が，その場で説明のために記載して顧客に渡したメモや，取引途中でのやり取りを

---

14) この点，実務においては，取引において売玉や買玉がどのように建てられ，また処分されていったかなどについて，時系列に沿ってグラフや表を用いて表すことが多い（建玉分析表などと呼ばれている。）。また，これと併せて取引額や手数料額等の推移も表形式で示されることもあり，これらは取引概要の把握や争点整理に大きな役割を果たしているものといえる。

15) 過失相殺事由の存否や内容についても，義務違反の存否と表裏の関係にある問題であるから，この段階で争点整理の対象にすることが多いように思われる。無断売買，過当売買などが争点になっている事案では，そのメルクマールとなる事情を具体的に主張してもらい，それに対する認否を明確にすることが必要になってくる。

記載したメモ，日誌，メール等が有力な書証となる場合があることも，金融商品取引の場合と同様である。[16]

　人証については，一般に損害賠償請求訴訟においては，説明等を担当した社員と顧客本人の2名に対して尋問を行うという例が多いこと，人証採用が決定する前後に，尋問予定者から陳述書が作成・提出され，これに基づいて実際の尋問が行われることが多いことも，金融商品取引の場合と同様である。

(4)　事実認定上の留意点（義務違反等の有無の認定）

　被告業者の義務違反の有無を認定するに当たっては，当該商品先物取引の具体的内容，目的，取引の仕組み，特にリスクの有無及びその内容，顧客の属性，取引の具体的経過，取引前後の顧客と業者の言動といった諸要素を前提に，それぞれの場合において被告業者に要求される義務を具体的に確定し，これに基づいて義務違反の有無を判断する，という構造になるものと思われ，[17]各裁判例も，このような枠組みを前提として判断しているように思われるところである。特に，説明義務違反の有無の認定については，当該取引時における顧客及び業者の言動のみならず，顧客の投資経験の有無及びその内容，業者と顧客との接触状況や契約成立後の取引経過等の諸般の事情を総合して判断すべきものであることは，金融商品取引の場合と同様（第1章Ⅱ1〔2〕(4)(d)参照）である。また，過当売買が問題になっている事案については，取引の具体的経過をはじめとする客観的状況を詳細に分析したうえで，それを基礎に過当性の認定判断をすべきといえる。

---

16)　この点，基本指針Ⅱ−4−3−2⑸③ロは，顧客との取引行為に係る考慮事項として，商品デリバティブ取引の経験のない者と商品先物取引契約を締結しようとする場合には，商品市場における相場その他の商品の価格又は商品指数に係る変動の例を記載した図画又は表（取引額，取引単位，取引単位当たりの価額，取引証拠金等の額等を盛り込む。）を活用し，商品デリバティブ取引の仕組み・リスク等について説明しているかという点を挙げている。

17)　この際に，基本指針で示されている要件（行為規範）が参考になることが多いように思われる。

第4章

貸金業取引関係訴訟

I 概　説

　本章では，貸金業取引関係訴訟を取り上げる。貸金業取引というのは，貸主と借主との間の金銭消費貸借契約の成立を前提に，貸主が貸金業の登録をした貸金業者であって，貸主と借主との間で金銭消費貸借取引，すなわち，金銭の貸付けと返済とが継続・反復して行われることを特徴とする。このような貸金業取引については，貸金業法が規定するところであるが，民法587条以下の消費貸借に関する規定及び利息・損害金の約定の効力について規定する利息制限法の適用が前提となっている。また，貸金業取引において，借主のために保証がされる場合には，民法446条以下の保証，特に当該保証が根保証である場合には，465条の2以下の貸金等根保証契約に関する規定の適用もその前提となる。

　本章は，金融取引関係訴訟の一つとして，そのような貸金業取引関係訴訟を取り上げるものであるが，貸主側（貸金業者）の提起する訴訟と，借主側（借主ないし保証人）の提起する訴訟とに二分して，その問題点を概説することとする。

II　貸主側の提起する訴訟

　貸主側の提起する訴訟というのは、貸金業者が借主に対し、あるいは、借主の保証人に対し、その貸付けに係る元利金の支払などを求める貸金業者の能動的な訴訟を総称するものであるが、基本類型として、1で、借主に対する貸金返還訴訟を取り上げる。ここに提起する訴訟の問題点が集約しているからである。派生類型として、2で、保証人に対する貸金返還訴訟を取り上げる。保証債務の履行請求訴訟であるが、そのような保証人に対する訴訟は、借主に対する訴訟と併合して提起される場合が少なくない。しかし、保証人に対する請求は、原則として、借主に対する請求を前提として成り立つので、借主に対する訴訟を踏まえ、同訴訟との異同を保証人に対する貸金返還訴訟として概説するのが適切であると思われるからである。以上のほか、貸金業取引を前提として、貸主側の提起する訴訟として、貸付けに際して授受された手形の取立てをめぐる訴訟、あるいは、貸付けに際して約定された担保権の設定（本登記請求あるいは仮登記に基づく本登記請求）をめぐる訴訟などが想定されるが、これらについては割愛する。

1．借主に対する貸金返還訴訟

　借主に対する貸金返還訴訟は、要するに、貸金業者が、借主との間の金銭消費貸借契約の成立を前提に、借主から当該金銭消費貸借契約に基づく貸付金及びその利息・損害金の全部又は一部の支払を受けていないことを理由に、貸付元利金の支払を求める訴訟であるが、その実体法上の問題点及び手続法上の問題点は以下のとおりである。

> ［１］ 実体法上の問題点
>
> 　借主に対する貸金返還訴訟において実体法的にまず問題となるのは，金銭消費貸借契約の成立であるが，貸金業取引においては，利息・損害金の約定があるのが一般的であるから，金銭消費貸借契約の成立も，元本債権の発生という面と，利息・損害金債権の発生という面とから考察することができる。しかし，消費貸借契約では，契約の成立と同時に借主の貸主に対する返還債務が発生するわけではなく，弁済期が到来して初めて発生するものであるから，弁済期の到来も実体法上の問題点として検討する必要がある。
>
> 　以上は，元本債権，利息・損害金債権の発生を前提とした問題点であるが，次に問題となるのが元本債権，利息・損害金債権の消滅である。また，消滅を云々する以前に，元本債権，利息・損害金債権の不発生も問題になり得るところである。
>
> 　そこで，以下，第１に，元本債権の発生をめぐる問題点として，第２に，利息・損害金債権の発生をめぐる問題点として，第３に，元利金の弁済期をめぐる問題点として，第４に，元本債権の不発生・消滅をめぐる問題点として，第５に，利息・損害金債権の不発生・消滅をめぐる問題点として，その実体法上の問題点を概説する。

(1)　元本債権の発生をめぐる問題点

　元本債権の発生をめぐって一般的に問題となるのは，消費貸借契約の要物契約性である。すなわち，消費貸借契約は，当該貸借の目的物が貸主から借主へ現実に交付されて初めて成立する要物契約であるからである。金銭消費貸借契約もその例外ではなく，金銭の交付が契約の成立要件となるが，貸金業取引においては，金銭が借主に直接交付され，あるいは，借主の口座に振込送金されるのが一般的であるから，金銭消費貸借契約で問題となるいわゆる「貨幣代用物」[1]の交付による契約の成否が問題となることはない。

貸金業取引における金銭消費貸借契約で要物契約性が問題となる第1は，利息の天引きがされた場合の要物性であるが，この点は利息制限法2条で立法的に解決されている。すなわち，同条は，「利息の天引きをした場合において，天引額が債務者の受領額を元本として前条に規定する利率により計算した金額を超えるときは，その超過部分は，元本の支払に充てたものとみなす。」と規定しているからである。

貸金業取引における金銭消費貸借契約で要物契約性が問題となる第2は，いわゆる「借替え」あるいは「借増し」が行われた場合の要物性である。この場合に，要物性を具備し得ないとすると，旧債務をいったん弁済して同額を新債務として借り入れる借替えの場合には，契約の個数は，旧債務，新債務を通じて1個ということになるし，旧債務をいったん弁済して借入額を増額して新債務として借り入れる借増しの場合には，契約の個数は，旧債務と新債務のうち旧債務と同額の部分とが通じて1個，新債務のうち旧債務から増額された部分が1個ということになる。[2]

なお，元本債権の発生という次元で検討するのが適切であるか否かは再考の余地があるが，貸金業法の改正に伴って導入されたいわゆる「総量規制」（貸金13条の2）について注意しておく必要がある。総量規制というのは，要

---

1) 貨幣代用物というのは，銀行が自己宛てに振り出した預金小切手，いわゆる「預手」を典型とする。預手の交付によって要物性を充足すると解することに異論はないが，公債証書の交付（大判明33・3・15民録6輯69頁），国庫債券の交付（大判明44・11・9民録17輯648頁），預金通帳及び届印印象の交付（大判大11・10・25民集1巻621頁）でも要物性を充足すると解されている。預手以外の小切手についても，要物性を充足すると解する判例（大判昭16・11・29法学11巻711頁）もあるが，手形の交付によって要物性を充足するか否かについては，問題がある。肯定する判例（最判昭39・7・7民集18巻6号1049頁）は，要旨，「金銭の消費貸借にあたり，貸主が借主に対し金銭交付の方法として約束手形を振り出した場合において，右約束手形が満期に全額支払われたときは，たとえ借主が右約束手形を他で割り引き，手形金額にみたない金員を入手したのにとどまっても，右手形金額相当額について消費貸借が成立する。」と判示している。
2) 借替えの場合につき，東京地判平12・6・30金判1116号38頁・金法1604号30頁は，新旧両債務を併存させることなく2つの債権債務関係を一本化しようとするものであると解されるとし，旧債務の残額に債務者が現実に交付を受けた額を加えた合計額についての準消費貸借契約が成立したとみるのが相当であるとし，借増しの場合につき，大阪地判平2・1・19判タ738号160頁は，旧債務と同額分の準消費貸借契約と新債務の増額分の消費貸借契約の混合契約が成立するとしている。

するに,過剰貸付け等の禁止のため,借主の年収の3分の1を超える貸付けを禁止し,貸金業者がこれに違反して貸付けをした場合には,行政処分の対象とするものである。総量規制に違反して行われた貸付けの私法上の効力については特に規定するところがないが,訴訟において問題となって登場するのは必至であると思われるからである。[3]

(2) 利息・損害金債権の発生をめぐる問題点

利息・損害金債権の発生をめぐって実体法的に問題となるのは,利息・損害金の約定を前提にした,利息制限法による制限であるが[4],利息・損害金の制限は,以下のとおりである。[5]

元本の額	利息の割合	損害金の割合	
10万円未満	年2割	1.46倍	年2割
10万円以上100万円未満	年1割8分	1.46倍	年2割
100万円以上	年1割5分	1.46倍	年2割

---

3) 総量規制に違反して行われた貸付けも,私法上は有効であるとすると,貸金業者において,総量規制に違反して貸付けを行えば行政処分を受けるからといって,貸付けの審査が緩くなって,規制が功を奏さない危険がある。他方,これを私法上も無効とすると,借主において,不正な手段を弄するなどして,総量規制を潜脱して,貸金業者から貸付けを受ける危険もないわけではない。貸付けの審査を厳しくすれば足りるという問題でもないからである。この点は,いずれ訴訟において問題提起がされるのが必至であるが,借主が不正な手段を弄するなどした場合は格別,そのような事情がない場合には,総量規制に違反した貸金業者の貸金返還請求を制限すべきものではないかと解されるが,その法的根拠については,契約を無効とするか,返還請求を信義則など一般条項の適用によって制限するか,検討の余地がある。

4) 利息・損害金の発生をめぐって,これまでの貸金業取引関係訴訟における最大の問題は,貸金業法43条所定の「みなし弁済規定」の適否であった。みなし弁済規定というのは,要するに,利息制限法所定の制限を超える支払であっても,貸金業法43条所定の要件を具備するときは,有効な利息又は賠償額の債務の支払とみなすという規定であったが,平成18年法律第115号による貸金業法の改正に伴い,平成22年6月18日をもって廃止されているので,現在,その適用の余地がない。

5) 利息制限法は,前掲注4)の貸金業法の改正に伴い,営業的金銭消費貸借(債権者が業として行う金銭を目的とする消費貸借)の特則を第2章として規定する。本文に記載した表の損害金の割合の前半は,原則的な制限(1条・4条)であって,営業的金銭消費貸借における利息の計算の対象となる元本の額について,みなし規定(5条)があるほか,損害金の割合について,同表の後半のとおり,賠償額の元本に対する割合が2割を超えるときは,その超過部分を無効としている(7条)。

貸主は，利息・損害金の約定を前提に，利息制限法所定の前記制限の範囲内で，借主に対し，利息・損害金の支払を請求し得ることになる。

(3) 元利金の弁済期をめぐる問題点

貸付金の返済を求めるには，弁済期の到来が前提となるが，実体法的にみれば，もっぱら弁済期の約定の有無・内容が争われるにとどまる。

問題があるとすれば，期限の利益喪失約款の適否をめぐってである。借主の期限の利益喪失によって損害金債権が発生したが，貸主が借主の期限の利益喪失を主張することが許されない場合があるか否かという問題であるが，この点については，後記(5)の利息・損害金債権の不発生・消滅をめぐる問題点の一つとして概説する。

(4) 元本債権の不発生・消滅をめぐる問題点

まず，元本債権の不発生について考察すると，元本債権の不発生は，元本債権の発生と裏返しの問題であるが，金銭消費貸借契約が成立すれば，元本債権が発生する。その成立した契約の効力が否定されると，元本債権も発生しなかったことになる。そのような理解を前提にすると，元本債権の不発生は，元本債権の消滅と同様に，貸主が請求原因として主張する金銭消費貸借契約の成立及び弁済期の到来を前提に，借主が抗弁として主張立証すべきことになる。元本債権の不発生・消滅としてまとめて考察する所以である。もっ

---

6) 損害金の約定は，利息の約定とは別に，その約定が存在しなければならない。利息の約定があれば，それが利息制限法所定の制限の範囲内で有効とされる場合に，その1.46倍の損害金の約定があったと解されるわけではない。利息の約定とは別に，損害金の約定がある場合に，その割合が利息の1.46倍を超えるときは，その超過部分について無効とする趣旨である。この点は，平成11年法律第155号による利息制限法の改正前の事案（損害金の約定が利息の約定の2倍を超える範囲で制限されていた事案）であるが，最大判昭43・7・17民集22巻7号1505頁・判時522号3頁・判タ225号75頁によって明示されているところである。
7) みなし弁済規定は，その規定する要件を具備する範囲で，利息制限法所定の制限を超える利息・損害金の支払であっても，有効な利息又は賠償金の債務の支払とみなしたものであるが，貸金返還訴訟は，貸主の請求が認容される場合には，借主に対し，元本のほか，利息・損害金の支払を強制するものであるから，任意の支払を要件とする「みなし弁済規定」の適用はなく，みなし弁済規定が存在した当時においても，利息制限法所定の制限の範囲内で，利息・損害金の支払を請求し得るにとどまることに変わりはなかった。

とも，金銭消費貸借契約の効力が否定される場合として，例えば，意思表示の瑕疵（民93条〜95条），代理権の欠缺（民113条）などを理由として契約が無効とされる場合があるが，契約一般の場合と異ならない。

　金銭消費貸借契約の無効事由として特徴的といえる場合に，暴利行為がある。暴利行為が無効とされるのは，公序良俗違反（民90条）を理由とするので，それ自体が特徴的ということではないが，暴利行為として類型的な考察が可能であるからである。もっとも，利息制限法所定の制限超過部分の元本充当に係る判例法理の確立によって[8]，暴利行為として金銭消費貸借契約を無効とすることなく，制限超過利息の元本充当の問題として問題解決される場合が少なくなかった。

　しかし，いわゆる「ヤミ金融」の横行に伴い，法改正による対応だけでなく[9]，暴利行為による金銭消費貸借契約それ自体が無効となるかが改めて検討されるべき状況になっている。金銭消費貸借契約それ自体は無効でなく，利息・損害金の約定が無効とされる場合には，利息・損害金の約定のない金銭消費貸借契約として，借主に元本の返還債務が発生し，借主の支払った利息・損害金については，ヤミ金融業者にその受領した利息・損害金の返還債務が不当利得として発生するとしたうえで，前者と後者とを相殺することになるのではないかと解されるが，金銭消費貸借契約も無効とし，借主の受領した元本とヤミ金融業者の受領した利息・損害金とをいずれも法律上の原因を欠く金銭の授受としてヤミ金融業者の返還義務を認めたうえで，元本については，不法原因給付として，借主の返還義務を否定する裁判例もある[10]。判例も，

---

8) 最大判昭39・11・18民集18巻9号1868頁・判時390号8頁・判タ168号179頁，最判昭39・12・24判時404号58頁，最判昭40・2・9判時401号40頁，最大判昭43・11・13民集22巻12号2526頁・判時535号3頁・判タ227号99頁，最判昭44・11・25民集23巻11号2137頁・判時580号54頁・判タ242号174頁などである。

9) ヤミ金融の横行に対処して，平成15年8月1日，「貸金業の規制等に関する法律」及び「出資の受入れ，預り金及び金利等の取締りに関する法律」の一部を改正する法律，いわゆる「ヤミ金融対策法」（平成15年法律第136号）が公布され，貸金業を営む者が業として行う金銭を目的とする消費貸借の契約において，年109.5％（閏年については年109.8％）を超える割合による利息の契約をしたときは，当該消費貸借の契約は無効とされることになった。

10) 東京高判平14・10・3判時1804号41頁・判タ1127号152頁は，金銭の貸付けと担保の取得などが公序良俗に違反するとし，その交付された金銭の返還請求を不法原因給付に当たるとして棄却している。

その基調を同じくする判断を示しているので，今後，不法原因給付の成立が認められる場面が拡大して，妥当な解決が図られていくものと予想される。

次に，元本債権の消滅について考察すると，元本債権の消滅をめぐって最も問題となるのは，利息制限法所定の制限超過部分の元本充当である。その充当関係については，その元本充当と充当による元本債権の消滅後の過払金の返還請求を認めた一連の最高裁の判例で決着が図られていた。その後の貸金業法の制定に伴うみなし弁済規定の創設によって，利息制限法所定の制限超過利息の支払も有効な利息又は賠償金の債務の支払とみなされることになったので，みなし弁済規定が適用される場面では，制限超過利息ないし損害金の元本充当の余地がなくなったが，平成18年の貸金業法の改正によってみなし弁済規定が廃止されているので，現在においては，利息制限法所定の制限超過部分の元本充当による元本債権の消滅が一般的となる。

(5) 利息・損害金債権の不発生・消滅をめぐる問題点

まず，利息・損害金債権の不発生について考察すると，元本債権の不発生と同様に，暴利行為による利息・損害金の約定の効力が否定される場合を想定することができる。しかし，利息制限法所定の制限超過部分の元本充当を

---

11) 最判平20・6・10民集62巻6号1488頁・判時2011号3頁・判タ1273号130頁は，借主からの不法行為に基づく損害賠償請求において同利益を損益相殺等請求の対象として借主の損害額から控除することは，民法708条の趣旨に反するものとして許されないと，また，不法行為者が投資資金名下に被害者から金員を騙取した場合についてであるが，最判平20・6・24判時2014号68頁・判タ1275号79頁は，被害者からの不法行為に基づく損害賠償請求において，不法行為者が詐欺の手段として配当金名下に被害者に交付した金員の額を損益相殺等の対象として被害者の損害額から控除することは，民法708条の趣旨に反するものとして許されないとの判断を示している。

12) 暴利行為が問題となる場合も，①利息制限法所定の制限を超える利息ないし損害金の約定がある金銭消費貸借契約であっても，契約それ自体が公序良俗に違反すると認められるような暴利の約定となっている場合，②契約それ自体を無効とまで認めるのは困難であるが，利息の約定は暴利行為として無効と認めざるを得ない場合，③利息の約定は利息制限法所定の制限を超えるので効力を生じないが，その制限超過部分を元本に充当すれば足り，利息の約定を公序良俗違反とまでいう必要がない場合に分かれるのではないかと解される。このような理解が可能であれば，金銭消費貸借契約に基づく貸付金名下の金銭の交付が不法原因給付に当たるか否かについては，前掲注11）最判平20・6・10及び最判平20・6・24の判旨を踏まえたうえで，なお場合分けをした検討が必要になるのではないかと解される。

13) 前掲注8）参照。

認める判例法理が妥当する限りにおいては，利息制限法所定の制限を超える利息・損害金の約定を無効として，その不発生を観念しても，元本に充当され，過払いとなれば，過払金債権が発生することになるので，その限りでは，利息・損害金債権の不発生を特に問題にする必要がない。もっとも，それも程度問題であって，利息・損害金の約定を無効とし，さらに，その約定にとどまらず，金銭消費貸借契約それ自体を無効としなければならない事案も想定されるが，この点については，前述した。

次に，利息・損害金債権の消滅について考察すると，利息制限法所定の制限超過部分の元本充当が問題となる場合には，制限内の利息・損害金の消滅が前提になるので，利息・損害金債権の消滅が特に問題となることははない。

それ以外に利息・損害金債権の消滅が問題となる場合として，損害金債権についてであるが，借主の期限の利益喪失によって損害金債権が発生したが，その後も借主が利息の支払を続けていたところ，貸主が元本の一括請求をすることなく，借主が支払ってきた利息をそのまま受領していた場合における損害金債権の帰すうがある。下級審の裁判例では，見解に対立がみられたが，最高裁判決によって，現在では，実務的な解決が図られている。

---

14) 前掲注12) 参照。
15) 期限の利益喪失の宥恕ないし期限の利益の再度付与を認める裁判例として，佐世保簡判昭60・9・24判タ577号55頁，東京高判平13・1・25判時1756号85頁・判タ1085号228頁などが，信義則違反・権利濫用を認める裁判例として，さいたま地判平13・5・29金判1127号55頁，大阪高判平20・1・29判時2005号19頁・金判1285号22頁などがある。
16) 最判平21・4・14判時2047号118頁・判タ1300号99頁は，貸金業者が，借主に対し，期限の利益の喪失を宥恕し，再度期限の利益を付与したとした原審の判断に違法があるとし，最判平21・9・11判時2059号55頁・判タ1308号99頁は，貸金業者において，特約に基づき借主が期限の利益を喪失した旨主張することが，信義則に反し許されないとした原審の判断に違法があるとし，最判平21・9・11判時2059号60頁・判タ1308号104頁は，貸金業者において，特約に基づき借主が期限の利益を喪失した旨主張することが，信義則に反し許されないとし，最判平21・11・17判タ1313号108頁・金判1333号45頁は，貸金業者が借主に対し，期限の利益を再度付与したものであるか，仮に期限の利益を再度付与したものではなかったとしても，貸金業者において，借主が期限の利益を喪失した旨主張することは信義則に反するとした原審の判断に違法があるとした事例である。

> ［2］ 手続法上の問題点
>
> 　借主に対する貸金返還訴訟において手続法的にまず問題となるのは，利息・損害金の請求と弁論主義との関係である。利息制限法所定の制限を超える約定は，実体法上の問題として考察したとおり，その超過部分について無効であるが，その無効主張を待って無効と判断し得るのか否かという問題である。次に問題となるのは，利息・損害金の請求の終期である。口頭弁論期日以降の利息・損害金の請求は，いわゆる将来給付の訴えとなるが，将来請求の要件を具備するか否かという問題である。
> 　以上は，貸金返還訴訟の請求に係る問題であるが，貸金業取引関係訴訟では，貸金業者支配人が訴訟代理人として訴訟活動をする場合も少なくなく，そのような支配人の訴訟代理権をめぐって争われる場合もみられた。
> 　そこで，以下，第1に，利息・損害金の請求と弁論主義をめぐる問題点として，第2に，利息・損害金の請求と将来請求をめぐる問題点として，第3に，貸金業者の支配人の訴訟代理人をめぐる問題点として，その手続法上の問題点を概説することとする。

(1)　利息・損害金の請求と弁論主義をめぐる問題点

　利息・損害金の請求をめぐって問題となるのは，利息制限法所定の制限を超過する利息・損害金の請求の可否である。そのような請求が実体法的に許されないことはいうまでもないが，手続法的には，なお検討すべきところがあるからである。それは，利息制限法所定の制限を超過する利息・損害金の約定はその超過部分について無効となるところ，その無効主張を抗弁として捉えることに帰着する問題である。利息・損害金債権は，利息・損害金の約定によって発生する。したがって，その約定は利息・損害金の請求の請求原因事実であるが，当該約定が利息制限法所定の制限を超過するためその超過部分について無効となることは，その請求原因事実に対する抗弁事実となる。

以上の理解は貸金返還訴訟におけるごく一般的な理解であるが，そうなると，貸金業者が原告となって提起した貸金返還訴訟において借主である被告が答弁書その他の準備書面を提出しないで口頭弁論期日に欠席した場合には，被告の抗弁主張がないので，原告の制限超過部分の請求を認容せざるを得ないのかといった疑問が生じないわけではない。原告の請求が制限超過部分を含んでいる場合であることが前提となるが，この場合は，必然的に，原告は請求原因事実として利息制限法所定の制限を超過する利息・損害金の約定を主張せざるを得ない。しかし，その約定は制限超過部分について無効であるから，そのような無効な約定に基づく請求を認容し得るかという問題でもある。貸金返還訴訟の実務において，被告が欠席した場合であっても，原告の制限超過部分の請求を認容している裁判例はないと解されるが，もとより認容されるべきものではない。[17]

以上と同旨の問題は，利息制限法の改正に伴っても生じる。すなわち，利息制限法の改正によって，旧法によって効力が認められる利息・損害金の約定であっても，新法が施行された後に，その利息・損害金の請求が認められるかという問題があるからである。請求を認容すると，結局，新法施行以後，新法で制限されている利率による損害金の支払を強制し得ることになるので，消極に解されるべきものである。[18]

---

17) 裁判所の対応として，その訴訟指揮で制限超過部分の請求の取下げ（全体の請求の減縮）を求め，原告がこれに従う場合が考えられるが，原告が制限超過部分の請求に固執した場合に，請求を棄却する理由が問題となる。いわゆる「先行自白」とか，「相手方の援用せざる自己に不利益な陳述」とかいった，弁論主義の範囲内の問題として解決することも可能であるが，強行法規に違反する請求はおよそ認められるべきでないといった，弁論主義の範囲を超える問題として解決する余地もある。

18) 事案は異なるが，最判平15・4・18民集57巻4号366頁・判時1823号47頁・判タ1123号78頁は，平成元年12月26日付け大蔵省証券局長の日本証券業協会会長に宛てた通達が発せられる前の昭和60年6月当時に締結されたいわゆる損失保証契約が公序良俗に違反するか否か，違反しないとした場合に，当該保証契約に基づく損失保証を平成3年法律第96号による証券取引法の改正後において請求することの許否が問題となった事案につき，原判決である東京高判平11・9・29判時1711号68頁・金判1087号23頁が，同法改正後の請求は改正後の同法50条の3第1項3号（改正時は50条の2第1項3号）の規定に反するものではなく，許されるとしたのに対し，これを破棄している。その理由として，当該請求は，前記保証契約に基づく履行を求めるものであり，同法42条の2第1項3号によって禁止されている財産上の利益提供を求めているものであることがその主張自体から明らかであり，法律上この請求が許

(2) 利息・損害金の請求と将来請求をめぐる問題点

利息・損害金の請求は，利息については，元本債権の弁済期の到来に関係なく，利息債権の弁済期の到来によって発生するのに対し，損害金については，元本債権の弁済期の到来を前提として発生する。その終期は，利息については，元本債権の弁済期の到来，すなわち損害金の発生によって消滅するが，損害金については，元本債権が消滅するまで発生し続けることになる。したがって，元本と利息・損害金とを併せて請求する場合には，残元本及び残元本の弁済期到来時までの間の利息のほか，残元本の弁済期到来時からその支払時までの間の損害金の支払を求めるのが一般的であるが，貸金返還訴訟の口頭弁論終結時から残元本の支払時までの損害金の請求は将来請求になるので，民事訴訟法135条にいう「あらかじめ請求をする必要」がある場合でなくてはならないが，借主が残元本の支払を遅滞している以上，口頭弁論終結時以降の損害金の支払についても，その支払を遅滞するおそれは十分であって，「あらかじめ請求をする必要」に欠けることはないのが一般的である。[19]

(3) 貸金業者の支配人の訴訟代理人をめぐる問題点

貸金業取引関係訴訟では，貸金業者の支配人が訴訟代理人として訴訟活動をする場合がある。支配人に選任された者がその必要から訴訟活動をするというよりか，訴訟活動をする必要のために支配人として選任されるという場合がもっぱらであったため，そのような支配人の選任の効力，特に訴訟代理権の有無をめぐって争われる事案が少なくなかった。しかし，商法（第1編第6章）の規定する支配人は，訴訟活動をするのに適した能力のあることを

　　容される余地はないと説示している。利息制限法の改正についても，改正後は，新法の制限を超過する損害金の支払を旧法の制限内の損害金であっても禁止するという趣旨であれば，旧法の制限内の損害金の請求が認められるのは，当該約定時点から利息制限法の改正時点までということになるはずである。

19) 将来の損害金請求を不適法として却下した裁判例はないように思われる。不動産の明渡請求に附帯する使用料相当損害金の請求についても同様である。解雇の無効を理由とする地位確認請求に附帯する賃金請求については，地位確認請求が認容される場合を前提とするところ，口頭弁論終結時までの賃金に限って認容するのが一般的であるが，判決確定時まで拡張して請求を認容する裁判例もあるようである。

要件としていない。民法の規定する代理人については，無能力者であっても差し支えないと規定されているところ（民102条）である。支配人についても，訴訟代理権が認められるのは，支配人である以上，商法の規定する当然の結果であって，訴訟活動をするのに適した能力を必要とする見解は，商法の解釈とは相容れないところと思われる。[20] 支配人が訴訟活動を十分に行うことができない結果として生じるリスクは，当該支配人を選任した貸金業者が負担すれば足りる問題であって，[21] その選任の効力を問題にする必要はないはずである。

2．保証人に対する貸金返還訴訟

保証人に対する貸金返還訴訟は，要するに，保証債務の履行を求める訴訟である。保証債務は，いわゆる保証債務の附従性によって，主債務の有効な存在を前提とする。したがって，ここで考察する問題点は，主債務の有効な存在に係る問題点を除いた，保証債務の履行請求に固有の問題点ということになるが，その実体法上の問題点及び手続法上の問題点は以下のとおりである。

---

20) 東京地判平15・11・17判時1839号83頁・判タ1134号165頁は，貸金業者が支配人として登記した者についても，平成17年法律第87号による改正前の商法38条1項所定の権限を有する支配人に当たるとは認められないとして，その者が提起した訴訟（手形訴訟）は不適法であると判示している。同旨の裁判例として，前橋地判平7・1・25判タ883号278頁がある。
21) そのようにして選任された支配人が訴訟代理権を有するということと，訴訟代理権を適切に行使し得るかということとは別論であって，訴訟代理人である以上，民事訴訟法の規定に則った訴訟代理権を行使しなければならないし，その行使が適切でなければ，裁判所から制限されて当然である。筆者は，そのような見地から，支配人の訴訟代理権を問題にすることはなかったが，訴訟代理権の行使については，それが民事訴訟法の規定に則ったものであるか否かを判断し，民事訴訟法の規定から逸脱した不当な訴訟代理権の行使はもとより，その規定を理解しない不十分な訴訟代理権の行使についても，これを制限していた。その結果として，貸金業者の立証・反証がないまま口頭弁論が終結されて貸金業者に不利益な判決に至ったとしても，それこそ貸金業者がその程度の訴訟活動しかできない者を支配人として選任したリスク負担であると思うからであった。

> 〔1〕 実体法上の問題点
>
> 保証人に対する貸金返還訴訟で実体法的にまず問題となるのは，保証債務の成立であるが，民法の改正に伴い，保証契約が要式行為とされている。次に問題となるのは，保証債務の範囲である。

(1) 保証債務の成立をめぐる問題点

　保証債務の成立をめぐって問題となるのは，保証契約の要式契約性である。保証契約は，民法制定以来，諾成契約として，債権者と保証人との意思表示の合致によって成立すると規定されていたが，平成16年法律第147号による民法の改正に伴い，諾成契約から書面による契約の締結が必要となる要式契約へと規定が変更されることになった（民446条2項）。その改正の背景には，貸金業取引における保証人の責任が本人の認識以上に重くなっている実態があるようであるが，貸金業取引において，保証契約が諾成契約として貸金業者と保証人との意思表示の合致のみで締結される場合は少なく，諾成契約から要式契約へと変更されても，保証契約の成否といった次元で，要式契約性に欠けるとして保証契約の成立が争われる場合はそう多くないように思われる。

　もっとも，保証契約が諾成契約であった当時においても，契約書の作成が常態化していたにもかかわらず，保証契約の成否が問題となっていた。その多くは，契約書の保証人欄の保証人名義の署名・押印が本人のものであるか否かをめぐって争われる場合が少なくなかったからである。そのような争いは今後も生じると思われるが，この点は，当該保証に係る契約書の真否という場面で，民事訴訟法228条4項の適否によって解決されるのがもっぱらであるので，後述の手続法上の問題点の一つとして考察する。

(2) 保証債務の範囲をめぐる問題点

　保証債務の範囲をめぐって問題となるのは，まずもって保証契約の効力で

ある。保証契約が無効であれば，保証債務それ自体が否定されるからである。いわゆる「保証否認」の問題であるが，保証人の抗弁として，保証契約の錯誤無効が問題となるのが典型的である。貸金業取引についてみても，保証否認を認めた裁判例は少なくない。[22]

　保証債務の成立が認められる場合には，保証債務の附従性から，その範囲が特に問題となる場合はない。しかし，その場合であっても，保証債務の範囲が問題となる場合として，根保証ないし限度額保証の場合がある。保証債務の範囲が限定されるか否かは，保証契約でその約定がある限度額保証の場合のほか，その約定がない根保証の場合にも問題となるが，貸金等根保証契約においては，前記平成16年法律第147号による法改正に伴い，極度額を定めなければ，その効力を生じないことになった（民465条の2第2項）ので，以下，限度額保証を対象に問題点を考察する。

　(a) 極度額による制限　限度額保証における限度額が，保証人の債務を限定する額であるか，その責任を限定する額であるか，この点の理解が問題となる。前者であれば，貸金業者が保証人に対する貸金返還訴訟において，限度額保証であることを主張すれば，保証人の債務の範囲を限定されたものとして自認していることになるので，その限度を超える保証人に対する請求は，主張自体失当として，棄却されるべきものであるのに対し，後者であれ[23]

---

22) 例えば，主たる債務が200万円に限定されていたのか，1000万円を限度額とするものであったのかにつき，保証人の錯誤を認めた高松高判平11・11・18判時1721号85頁・判タ1021号194頁，主債務者となる者の範囲につき，保証人の錯誤を認めた広島高松江支判平4・3・18判時1432号77頁・金法1348号37頁，主たる債務の額につき，保証人の錯誤を認めた大阪地判昭63・3・24判タ667号131頁・金法1223号41頁などがある。もとより，保証否認を認めなかった裁判例もある。例えば，東京地判平15・12・25判タ1160号137頁・金判1183号6頁は，筆者が合議体の一員であるので，弁明する趣旨はないが，要旨，「保証人が金融機関に差し入れた保証書が保証人の個人保証を求める趣旨で作成されたものであると認めるのが自然であって，当該保証人の判断能力からして，その趣旨を誤解するはずはないといえるところ，あるときは，形式を整えるだけで，保証の趣旨の書面ではないとして作成され，あるときは，保証書を作成しても保証債務の履行を求めるような裁判は提起しないという合意をして作成されたというわけではないから，不起訴の合意が成立する余地も，反対に，保証の趣旨の書面ではないという説明がされる余地もなく，また，当該保証書が作成された経緯にかんがみれば，保証金額のいかんは，保証意思を否定する理由になるものではなく，保証人の内心においても，その趣旨をはき違えるはずがないときは，当該保証書による保証契約の有効な成立を否定することはできない」と判示して，保証否認を排斥した一事例である。

23) 主張自体が失当という点では，前掲注17)と同様である。

ば，保証人の債務それ自体は主たる債務の全部を対象とするが，その責任を限度額の範囲で負えば足りるということになるので，前者のように主張自体失当として，その限度を超える請求を棄却することはできないからである。[24]

(b) 信義則による限定　限度額の定めがない根保証については，保証債務の範囲を限定して妥当な解決が図られる事案が少なくない。それは，もっぱら信義則の適用によって保証債務の範囲を限定するものであるが，限度額保証であれば，そのような信義則による限定は不要で，限度額の全額の範囲で保証人が責任を負うべきであるということにはならない。限度額の一部の範囲で保証人が責任を負えば足りる事案もないわけではないからであって，限度額の定めの有無が信義則の適否を決するわけではない。現に，限度額の定めがある場合に，保証人の責任を限度額の一部で認めた裁判例もある。[25]

〔2〕　手続法上の問題点

保証人に対する貸金返還訴訟において手続法的にまず問題となるのは，保証人に対する請求と借主に対する請求との関係である。両請求は併合して提起されるのが一般的であるが，その意義を確認しておく必要がある。次に問題となるのは，実体法上の問題点である保証債務の成立に係

---

24)　筆者（滝澤）は，保証債務の範囲の制限が保証人の「債務」を制限するのか，「責任」を制限するのかといった見地から実務的な問題点をまとめた拙稿（「判例展望民事法(1)包括根保証に係る保証人の債務ないし責任の制限をめぐる裁判例と問題点」判タ1129号〔2003〕45頁）を発表した。本文の記載はそのような理解に基づくものである。なお，その論証に際して参考したのが，最判平5・11・11民集47巻9号5255頁・判時1541号88頁・判タ888号134頁である。同判決は，いわゆる不執行の合意がある場合につき，判決主文で強制執行を行うことができない旨を明らかにする必要があると判示している。

25)　例えば，東京地判平12・1・26判時1735号92頁・判タ1077号208頁は，500万円の根保証契約につき，保証債務の範囲を200万円に限定している。貸金業取引に限定しなければ，東京地判平12・1・27判時1725号148頁・判タ1074号193頁，東京地判平11・10・28金法1591号63頁，東京地判平11・3・31金法1573号48頁，大阪高判平10・1・13金法1516号38頁，東京高判平9・6・19判時1624号98頁・判タ966号226頁，大阪高判平8・6・13金判1011号17頁，神戸地判平8・4・24判時1594号133頁・判タ924号225頁，東京地判平8・3・19金法1471号92頁，大阪地判平2・2・15判タ727号225頁，神戸地判平元・2・9判時1318号110頁，東京高判昭60・10・15判時1173号63頁・金判733号26頁など，枚挙に暇がない。

る手続法上の問題点ということになるが，保証契約の成立を立証するために提出される保証契約書の証拠力の有無・程度についてである。

　そこで，以下，第1に，保証人に対する請求と借主に対する請求との関係をめぐる問題点として，第2に，保証契約書の証拠力の有無・程度をめぐる問題点として，その手続法上の問題点を概説する。

(1) 保証人に対する請求と借主に対する請求との関係をめぐる問題点

　貸金業取引においては，保証契約は，保証人が借主と連帯して貸主に対して借主の貸金債務の支払を保証する連帯保証であるのが一般的である。したがって，通常の保証人に認められている催告の抗弁（民452条），検索の抗弁（民453条）は認められないので（民454条），貸主は，借主に対する貸金返還訴訟をまずもって提起することなく，借主に対する貸金返還訴訟に先立って，あるいは，これと同時に，保証人に対する貸金返還訴訟を提起することができる。同時に提起される場合は，借主に対する訴訟と保証人に対する訴訟とは，いわゆる「単純併合」の関係に立つが[26]，借主に対する請求と保証人に対する請求が同時に認容されるとしても，請求が2倍認容されるわけではなく[27]，強制執行で2倍支払を受けられるわけでもない[28]。

---

[26] 借主に対する請求と，保証人に対する請求とは，両立し得る関係にあって，かつ，一方の請求が認容されるとしても，それだけで，他方の請求が認容される必要がなくなるわけではないので，単純併合である。一方の請求と他方の請求とが両立し得ない関係にある場合の主位的・予備的併合ともまた，両立し得るが，一方の請求が認容されると，他方の請求が認容されるも異なる。

[27] 借主に対する請求と保証人に対する請求とが併合されている場合には，請求を認容する判決の主文は，「借主及び保証人は，各自，○○円を支払え。」あるいは「借主及び保証人は連帯して○○円を支払え。」といった表現となる。しかし，借主に対する請求と保証人に対する請求とが併合されていない場合には，それぞれ「借主は○○円を支払え。」「保証人は○○円を支払え。」という主文にならざるを得ないので，連帯あるいは各自という表現それ自体に請求を2倍認容するわけではないという趣旨が表されているわけではなく，その趣旨は最終的には判決理由から判断するしかない。

[28] 借主に対する請求と保証人に対する請求とが併合して，あるいは，各別に認容された場合にも，強制執行は，借主又は保証人に対して各別に行われるので，貸主が強制執行で2倍支払を受けられる可能性それ自体は否定できない。もとより，そのような強制執行は違法であるが，借主又は保証人において，貸主が既に借主又は保証人に対する強制執行によって貸付

(2) 保証契約書の証拠力の有無・程度をめぐる問題点

　貸金業取引においては，借主との間の金銭消費貸借契約の締結に際しても，消費貸借契約書が作成されるのが一般的であるが，消費貸借契約は要物契約であっても，諾成契約であるので，消費貸借契約書の作成は金銭消費貸借契約の成立に必要不可欠ではない。これに対し，保証人との間の保証契約の締結に際しては，平成16年の民法改正後は，要式行為とされているので保証書（保証契約書）の作成が必要不可欠となった。

　もっとも，要式行為とされる以前においても，保証書が作成されるのが一般的であったので，保証書の作成をめぐって生じる問題点も，これまでの保証契約の締結に際して作成された保証書をめぐって生じた問題点と特に変わるところはないはずである。例えば，これまで保証書が真正に作成されたものであるか否かをめぐって問題となる場合は少なくなかった。しかし，保証書の真否は保証契約の要式契約性と直接に関係する問題ではないので，保証契約が要式行為とされた後もなお問題となるが，その真否をめぐってまずもって検討されなければならないのは，私文書の真正の推定について規定する民事訴訟法228条4項の適否である。保証書は，私文書であるが，保証人の署名又は捺印があるときは，真正に作成されたとの推定が働くからである。

　保証書が真正に作成されたものであれば，これによって保証契約の成立が認められるのが一般的である。保証書はこれによって保証契約が締結されている処分証書であるから，これが真正に作成されたものであれば，これによっ

　　金の全額の支払を受けていることを理由に，請求異議の訴え（民執35条）を提起して，借主又は保証人に対する判決の執行力を排除する必要がある。
29) 借主に対する貸金返還請求で問題となる金銭消費貸借契約についても，その成立の真正が認められるか否かは，保証書と同様である。
30) 民事訴訟法228条4項の適用は，いわゆる「二段の推定」によることに注意しておく必要がある。最判昭39・5・12民集18巻4号597頁・判時376号27頁・判タ163号74頁は，「民訴326条〔注・現行法の228条4項〕に『本人又ハ其ノ代理人ノ署名又ハ捺印アルトキ』というのは，該署名または捺印が，本人またはその代理人の意思に基づいて，真正に成立したときの謂であるが，文書中の印影が本人または代理人の印章によって顕出された事実が確定された場合には，反証がない限り，該印影は本人または代理人の意思に基づいて成立したものと推定するのが相当であり，右推定がなされる結果，当該文書は，民訴326条にいう『本人又ハ其ノ代理人ノ…（中略）…捺印アルトキ』の要件を充たし，その全体が真正に成立したものと推定されることとなるのである。」と二段の推定の過程を判示している。

て保証契約が締結されたことになるからである。しかし，保証契約の締結が認められても，なおその効力が争われる場合もなくはない。いわゆる保証否認の範疇に属する問題であるが，手続法的にみれば，保証否認が認められる証拠の有無・程度に帰する問題であって，一般的な検討を要する問題ではない。

III 借主側の提起する訴訟

　借主側の提起する訴訟というのは，借主（その保証人ないし物上保証人を含む。）が貸金業者に対して提起する訴訟であって，貸主側の提起する貸金業取引関係訴訟の反対現象であるのが一般的であるが，現在においては，利息制限法所定の制限超過部分の元本充当によって発生した過払金の返還を求める訴訟が圧倒的である。しかし，過払金返還請求は，元本債権の消滅が前提となるので，基本類型としては，1で，債務不存在確認訴訟を取り上げる。ここに，借主側の提起する貸金業取引関係訴訟の問題点が多く含まれているからである。次に，派生類型として，2で，不当利得返還訴訟を取り上げる。過払金返還訴訟であるが，債務不存在確認訴訟の派生類型として考察するのがわかりやすいと考えられるからである。以上のほか，貸金業取引を前提に，借主側の提起する訴訟として，請求異議訴訟，貸付けに際して提供された担保の

---

31) 処分証書については，その成立の真正が認められるときは，特段の事情のない限り，当該処分証書に係る意思表示の存在が認められるべきものである。最判昭32・10・31民集11巻10号1779頁・判タ76号31頁は，要旨，「書証の記載およびその体裁から，特段の事情のない限り，その記載どおりの事実を認めるべきである場合に，なんら首肯するに足る理由を示すことなくその書証を排斥するのは，理由不備の違法を免れない。」と判示するほか，最判昭45・11・26裁判集民101号565頁は，売買契約の成立を証する書証として，売買契約公正証書及び売買代金の領収書が提出されている事案につき，「右各証の記載および体裁からすれば，別異に解すべき特段の事情が認められないかぎり，……XとYら間に本件土地につき売買契約ないしは売買の予約が成立したものと認めるのが自然である。」と判示して，「右は形式だけのことで，実際にはZ〔注・Yらの父〕とX間に……金銭消費貸借契約とその貸金債務を担保するための抵当権設定契約があったにすぎない」と認定した原判決は，「十分首肯するに足りる理由を示すことなく，売買の予約の成立を否定したものといわなければならず，原判決のこの判断には経験則に反する違法があるものというべきである」として，原判決を破棄して事件を原審に差し戻している。

返還をめぐる訴訟，貸付けないし取立て・返済の際における貸主側の不法行為に基づき借主側が損害賠償を求める訴訟などもあるが，これらについては割愛する。

1．債務不存在確認訴訟

　債務不存在確認訴訟というのは，借主が貸金業者との間で貸金業者の主張する貸金債権が存在しないことの確認を求める訴訟である。貸金業者の主張する貸金債権の原因となる金銭消費貸借契約の有効な成立を前提に，弁済によって，貸金債権が消滅した場合を典型とするが，それに限られない。貸金業者の主張する貸金債権の原因となる金銭消費貸借契約が成立していないため，貸金債権が発生していない場合，あいるは，その原因となる金銭消費貸借契約が無効であるため，貸金債権が発生しない場合も含まれる。その実体法上の問題点及び手続法上の問題点は以下のとおりである。

〔1〕　実体法上の問題点

　債務不存在確認訴訟において実体法的に問題となるのは，要するに，貸金債務の不存在である。その不存在は貸金債務の不発生と，その消滅とに二分して考察することができる。

(1)　貸金債務の不発生をめぐる問題点

　貸金債務の不発生は，貸金債務に対応する貸金債権に即していえば，元本債権，利息・損害金債権の不発生ということになるが，この点については，貸主側の提起する借主に対する貸金返還訴訟の実体法上の問題点として考察したところである。元本債権の発生（Ⅱ1〔1〕(1)），利息・損害金債権の発生（同(2)）の裏返しとして問題となるのがそれぞれその不発生であるが，さらに，直截的に，元本債権の不発生（同(4)参照），利息・損害金の不発生（同(5)

(2) 貸金債務の消滅をめぐる問題点

　貸金債務の消滅は，貸金債務に対応する貸金債権に即していえば，元本債権，利息・損害金債権の消滅ということになるが，この点についても，貸主側の提起する借主に対する貸金返還訴訟の実体法上の問題点として考察したところである。元本債権の発生（Ⅱ1〔1〕(1)），利息・損害金債権の発生（同(2)）の裏返しとして問題となるのがそれぞれその消滅であるが，さらに，直截的に，元本債権の消滅（同(4)参照），利息・損害金の消滅（同(5)）として，その問題点を概説したので，それ以上，付け加えるところはない。

---

〔2〕　手続法上の問題点

　債務不存在確認訴訟において手続法的にまず問題となるのは，確認の対象となる貸金債務の特定である。その特定が訴訟物を特定するからである。訴訟物の特定という意味では，借主側の提起する貸金業取引関係訴訟における債務不存在確認訴訟であるからといって，訴訟一般における訴訟物の特定の必要と異なるものではないが，貸金業取引関係訴訟においては，金銭消費貸借契約に基づく金銭の貸付けと返済とが反復・継続されるのが一般的であるため，その特定をめぐって問題となる場合が少なくないからである。次に問題となるのが，確認の利益である。これも「訴訟要件」として訴えの利益が問題となる場面の一つであるが，貸金業取引関係訴訟においても，この点が問題となるからである。

---

(1) 貸金債務の特定

　債務不存在確認訴訟では，債務者において，債権者との間で不存在確認を求める債務を特定する必要がある。その特定がなければ，訴訟物が特定しないので，審理の対象を把握し得ないからであるが，債務が特定されていれば，

債務者がその不存在について立証責任を負うわけではない。その特定された債務に対応する債権については，その発生を債権者が主張立証しなければならないからである。

しかし，貸金業取引関係訴訟においては，時に，債務者の主張する債務と，債権者の主張する債権とが齟齬する場合もないわけではない。債務者が不存在確認を求める債務それ自体は特定されていても，債権者が当該債務に対応する債権を主張していない場合は，当該債務が存在しないことを確認しても意味がないので，債務者において，債権者の主張する債権に対応する債務が存在しないことの確認を求める必要がある。[32]

(2) 確認の利益

債務不存在確認訴訟を提起した債務者において，その対象となる債務を特定しても，その請求を認容する判決を求め得るには，債権者との間に当該債務の存在しないことの確認を求める訴えの利益，確認の利益がなくてはならない。債権者との間に貸金債権の存否をめぐって争いが現にあって，かつ，その争いを解決するには，債権者の主張する債権に対応する債務が存在しないことを確認すれば足りる場合でなくてはならないが，訴えを提起する段階では，確認の利益が問題となる場合は少ない。[33]

注意を要するのは，訴えを提起した後の確認の利益の帰すうであって，債務者が債務不存在確認訴訟を提起した後，債権者が当該債務に対応する貸金債権につきその支払を求める貸金返還訴訟を提起した場合には，債務不存在

---

[32] 債務者の主張する債務と，債権者の主張する債権とが齟齬する場合，債務者の主張する債務の不存在は債権者も自認するところであるとして，不存在確認請求を認容する判決を言い渡すことは許されない。そのような判決は，当事者間の紛争を解決するのに資するところがないからであって，これを制限するのが次に考察する訴訟要件としての確認の利益である。もっとも，そのような齟齬を理由に，確認の利益を欠くとして訴えを却下する判決が言い渡されることは多くない。裁判所（裁判長）の訴訟指揮によって，当初の訴えが債権者の主張する債権に対応する債務の存在しないことを確認を求める訴えに変更されているためでないかと窺われる。

[33] 債権者から貸金債権の存在を前提に，その支払を執拗に催告されるなどして訴えの提起に至るのが一般的であるからである。もっとも，このような場合においても，債務者が存在しないと認識している債務と，債権者が存在していると認識している債権との間に齟齬がある場合もないわけではないが，この場合については，貸金債務の特定の問題として，前述した。

確認訴訟の確認の利益が失われる点である。債権者が貸金返還訴訟を提起した後、債務者が当該債権に対応する債務の不存在確認を求める場合、すなわち、給付訴訟先行型において、訴えの利益が否定されるだけでなく、確認訴訟先行型においても、確認の利益が否定されることになる。

2．不当利得返還訴訟

不当利得返還訴訟は、借主の貸金業者に対する過払いによって発生した過払金を不当利得として返還を求める訴訟である。利息制限法所定の制限超過部分の元本充当による元本債権の消滅が前提となるので、債務不存在確認訴訟の派生類型として考察する。

〔1〕 実体法上の問題点

不当利得返還訴訟において実体法的にまず問題となるのは、過払金の発生についてである。貸金業取引においては、貸金業者と借主との間で金銭の貸付けと返済とが継続・頒布して行われるのが一般的であるため、過払金が発生した時期、その態様などが問題となることが少なくないからである。次に問題となるのは、過払金の発生と裏返しの問題であるが、過払金の不発生と、過払金の発生を前提にした、その消滅についてである。

---

34) 従来は、給付の訴えが提起された後、その対象となっている債務について不存在確認の訴えを提起することは、給付の訴えについて請求棄却の判決を求める以上のものではないとして、確認の利益が否定されるが、債務不存在確認の訴えが提起された後、その対象となっている債務についてその履行を求める訴えが提起されても、確認の利益は否定されないという理解が一般的であった。しかし、最高裁は、債務不存在確認の訴えが給付の訴えに先行して提起されている場合においても、給付の訴えが提起された以上、確認の訴えの利益を認めることはできないとの判断を示している。その嚆矢となった判例は、矢尾渉「最高裁民事破棄判決等の実情―平成13年度(2)」判時1784号（2002）12頁の【18】で紹介されている判決であるが、その後、同旨を明示した判例として、最判平16・3・25民集58巻3号753頁・判時1856号150頁・判タ1149号294頁がある。

(1) 過払金の発生をめぐる問題点

　利息制限法所定の制限超過部分の元本充当による過払金の発生は，みなし弁済規定が存在した当時は，その適用がない場合を前提としたが，みなし弁済規定が廃止された現在は，利息制限法所定の制限超過部分は直ちに元本に充当されることになる。

　その元本充当に際して問題となるのは，過払金を充当する対象となる元本債権についてである。貸金業取引においては，金銭の貸付けと返済とが反復して繰り返される場合が一般的であるため，このような継続的な金銭消費貸借の過程において発生した過払金の充当処理として，過払金が発生した時点で存在する貸金債権に充当されることに特に問題はないとしても，その時点で存在せず，その後の貸付けによって存在することになる貸金債権に充当し得るかといった問題が生ずるからである。しかし，この点については，既に判例法理で解決済みである。[35]

(2) 過払金の不発生・消滅をめぐる問題点

　(a) **過払金の不発生**　　利息制限法所定の元本超過部分の元本充当による過払金が発生しない事由として，元本超過部分を有効な利息又は賠償金の債務の支払とみなす旨を規定する貸金業法43条が廃止される以前においては，みなし弁済規定の適否が最も問題となっていたが，みなし弁済規定が廃止されている現在，過払金の不発生が問題となるのは，いわゆるヤミ金融におけ

---

[35] 最判平19・2・13民集61巻1号182頁・判時1926号67頁・判タ1236号99頁は，要旨，「貸主と借主との間で継続的に貸付けが繰り返されることを予定した基本契約が締結されていない場合において，第1の貸付けに係る債務の各弁済金のうち利息制限法1条1項所定の利息の制限額を超えて利息として支払われた部分を元本に充当すると過払金が発生し，その後，第2の貸付けに係る債務が発生したときには，特段の事情のない限り，第1の貸付けに係る過払金は，第1の貸付けに係る債務の各弁済が第2の貸付けの前にされたものであるか否かにかかわらず，第2の貸付けに係る債務には充当されない」と判示するが，その後，同判決にいう「特段の事情」に当たる「充当合意」が認められる場合について判示する最判平19・6・7民集61巻4号1537頁・判時1977号77頁・判タ1248号113頁，最判平19・7・19民集61巻5号2175頁・判時1981号15頁・判タ1251号145頁，最判平20・1・18民集62巻1号28頁・判時1998号37頁・判タ1264号115頁が相次ぎ，その継続的な金銭消費貸借が「充当合意」が認められる一連の取引である場合には，当該取引で発生した過払金をその発生時点で存在しないが，その後の取引で生ずる貸金債権に充当し得ることになったからである。

る暴利行為の場合である。ヤミ金融業者の違法な貸付けが借主に対する不法行為を構成するとして借主がヤミ金融業者に損害賠償を求めた事案において，元本相当額を損益相殺的な控除の対象とする必要はないとする判例法理を敷衍すれば，不当利得返還請求においても，過払いを生じる以前，例えば，借主の支払った利息ないし損害金の額が元本額に匹敵する場合にも，さらに，その額が元本額に満たない場合にも，支払った利息ないし損害金の返還を求め得るはずであるし，利息ないし損害金の支払がない場合においても，貸金業者の元本の返還請求を拒絶し得るはずであるからである。その意味において，過払金の発生という次元で問題を捉える必要がないことになる。

(b) **過払金の消滅**　過払金の充当処理を前提に，あるいは，その充当処理に関連して，過払金返還請求権の消滅時効が問題となる。過払金が発生すれば，その発生した時から返還請求が可能であるとして，消滅時効が進行するとの見解（発生時個別進行説）に立てば，その後に貸金債権が生じた場合にも，消滅時効の援用によって過払金がその発生時点に遡及して消滅するとすれば，その後に生じた貸付金に充当する余地がなく，貸付金の返還請求が可能となるのに対し，一連の取引が終了する以前は，充当の対象となっているので，消滅時効が進行することはなく，消滅時効が進行するのは，当該一連の取引が終了した時点であるとの見解（取引終了時進行説）に立てば，過払金返還請求権の消滅時効を援用し得る以前に，その後に生じた貸付金に当該過払金が充当されて消滅しているため，消滅時効の援用が問題となる余地がなく，貸付金の返還請求も不可能となる。

この点については，充当合意が認められる一連の取引において，当該取引の継続中に発生した過払金は，その後の当該取引で生じる貸付けに係る債務に充当されることが予定されている以上，過払金の消滅時効の起算点は一連の取引が終了した時点から進行すると解する取引終了時進行説が当然である

---

36) 元本債権の不発生・消滅をめぐる問題点において考察したところである。
37) 利息・損害金の支払義務が否定される以上，その支払った利息・損害金の返還が認められるべきであるからである。なお，この場合の問題分析につき，前掲注12）参照。いわゆる非債弁済（民705条）の適否も問題になり得るが，その適用は否定されるべきものである。
38) 元本の返済義務を否定する裁判例として，前掲注10）参照。

と考えられるが，異論もある。判例は取引終了時進行説である。[39]

> **〔2〕 手続法上の問題点**
>
> 不当利得返還訴訟において手続法的にまず問題となるのは，過払金の発生をめぐる主張立証責任の帰属である。主張立証責任の帰属は，不当利得返還訴訟の帰すうを左右する問題であるので，この点についての考察を避けられないからである。次に問題となるのは，受益者の善意・悪意による民法の規定する効果の違いをめぐってである。もっとも，善意の受益者については，返還義務の範囲が現存利益の限度に制限されているところ（民703条），貸金業取引においては，貸金業者が善意であって，仮に借主から支払を得た過払金それ自体を費消したとしても，その費消によって当該業者の財産の減少を免れているのが一般的であるため，現存利益が限定されることはなく，もっぱら問題となるのは，悪意の受益者の法定利息の支払をめぐってであって，悪意の認定が問題となる。

(1) 主張立証責任の帰属をめぐる問題点

不当利得返還訴訟では，法律上の原因の存否につき，請求者がその不存在を主張立証しなければならないのか，あるいは，相手方がその存在を主張立証しなければならないのかが問題となる。しかし，実務的には，その主張立証責任の帰属によって，真偽不明を理由に，請求の当否が決せられるといっ

---

[39] 拙稿（滝澤）「過払金返還請求権の消滅時効の起算点」判タ1285号（2009）5頁は，取引終了時進行説を当然として管見を披露したものであるが，発生時個別進行説に立つ近藤昌昭＝景山智彦「過払金返還請求訴訟における一連計算の可否をめぐる問題点―最近の最高裁判例を踏まえて」判タ1250号（2007）14頁もみられるところであった。最高裁は，最判平21・1・22民集63巻1号247頁・判時2033号12頁・判タ1289号77頁，最判平21・3・3判時2048号9頁・判タ1301号116頁，最判平21・3・6判時2048号12頁・判タ1301号120頁をもって，取引終了時進行説に立つことを明らかにして，この点の議論に終止符を打ったが，取引が終了しない以上，不当利得の返還を求めるのに法律上の障害があるというのがその理由である。法律上の障害と捉えることについては，疑問があるが，この点については，滝澤・前掲を参照されたい。

た場合はないといっても過言ではなく，その多くは，法律上の原因の存否がいずれかに決せられて，請求の当否が結論づけられている。

　貸金業取引において借主側が貸金業者に対して過払金の返還を求める不当利得返還訴訟についてみても，過払金の発生，すなわち，みなし弁済規定の適用がなく，利息制限法所定の制限超過利息ないし損害金の元本充当が認められる場合であることを債務者が主張立証しなければならないのか，それとも，過払金の不発生，すなわち，みなし弁済規定の適用によって，利息制限法所定の制限超過利息ないし損害金の支払も有効な利息ないし損害金の支払とみなされる場合であることを貸金業者が主張立証しなければならないのかといった問題は，そう実務的な問題ではない。[40]

　しかし，そのような主張立証責任の帰属といった次元以前の問題として，貸金業者と債務者との間における貸付けの口数及びその金額，利息・損害金の返済の回数及びその金額それ自体が争われる場合は少なくない。事案によっては，貸金業者が債務者の主張しない利息・損害金の返済を主張し，債務者が貸金業者の主張しない貸付けを主張する場合もないわけではない。このような場合に，その返済ないし貸付けが認められたときは，その認定を前提に，不当利得の有無を判断すれば足りると解されるが，[41]そう解し得る根拠につい

---

[40] 法律上の原因の有無に関する主張立証責任については，「民法703条の規定に基づき不当利得の返還を請求する者は，利得者が『法律上ノ原因ナクシテ』当該利得をしたとの事実を主張・立証すべき責任を負っているものと解すべきである」と判示する最判昭59・12・21裁判集民143号503頁があるが，不当利得返還債務の弁済として給付をした者が民法703条に基づいてその返還を請求するという特異な事案であるため，裁判集に掲載されている判決要旨では，「不当利得返還債務の弁済として給付をした者が，民法703条に基づいてその返還を請求する場合には，同条所定の『法律上ノ原因ナクシテ』についての主張・立証責任を負う。」という限定が加えられている。同判決の判旨を不当利得一般の場合に敷衍し得るのかは，慎重な検討が必要である。

[41] 貸付けに関する主張と，返済に関する主張とが貸主側と借主側とで齟齬する場合であっても，さらに，貸付けに関する主張では，借主側が貸主側よりも不利益な主張をし，返済に関する主張では，貸主側が借主側よりも不利益な主張をしている事案もないわけではない。貸付けと，返済とが繰り返された結果，双方の認識が不正確になっているためである。それぞれが相手方の自己に不利益な陳述を援用すれば齟齬それ自体は解消されるが，事案の真相に迫るという保障はない。取引履歴の開示が求められる所以であるが，取引履歴が開示されても，その開示以前の取引については，その真相に迫ることができない。履歴が開示された取引において，貸付けの残額が記載されていても，その残額を0円と擬制して引き直し計算をする方法など，貸金業取引関係訴訟の実務において苦心されているところである。

ては，検討する必要がある。

(2) 悪意の認定をめぐる問題点

　悪意の受益者は，民法704条で，利息の支払を義務づけられるほか，損害賠償も義務づけられている。そこで，受益者の悪意の認定が問題となるが，みなし弁済規定が存在していた当時は，同規定の適用があれば，利息制限法所定の制限超過部分の支払を受けても，その支払は有効な利息又は賠償金の債務の弁済とみなされたので，不当利得が成立せず，したがって，受益者の悪意を云々する余地がなかったため，受益者がみなし弁済規定の適用があると誤信していた場合に悪意と受益者といえるか否かが問題となっていた。その背景には，みなし弁済規定の適否をめぐる判例の変遷も影響するところがあったが，この点は，その後の判例によって悪意の認定判断の基準が示されているので，解決済みといえる。

　また，損害賠償請求についても，民法704条の規定は，民法709条の特則を規定したものではなく，悪意の受益者については，民法709条の不法行為が成立し得ることを前提に，その場合には，損害賠償の責任を免れない旨をいわば注意的に規定したものであるというのが判例であるので，この点も解決済みである。

---

42)　最判平19・7・13民集61巻5号1980頁・判時1984号26頁・判タ1252号110頁は，要旨，「貸金業者が利息制限法1条1項所定の制限を超える利息を受領したが，その受領につき貸金業の規制等に関する法律43条1項の適用が認められない場合には，当該貸金業者は，同項の適用があるとの認識を有しており，かつ，そのような認識を有するに至ったことについてやむを得ないといえる特段の事情があるときでない限り，民法704条の『悪意の受益者』であると推定される。」と判示し，最判平19・7・17判時1984号33頁・判タ1252号118頁も同旨を判示しているが，特段の事情の認定については慎重であって，最判平21・7・14判時2069号26頁・判タ1317号121頁，最判平21・7・10民集63巻6号1170頁・判時2069号22頁・判タ1317号117頁は，いずれも特段の事情を認めた原判決（前者につき，東京高判平20・7・16金判1340号42頁，後者につき，東京高判平20・7・14金判1322号35頁）を破棄している。

43)　最判平21・11・9民集63巻9号1987頁・判時2064号56頁・判タ1313号112頁は，要旨，「民法704条後段の規定は，悪意の受益者が不法行為の要件を充足する限りにおいて不法行為責任を負うことを注意的に規定したものにすぎず，悪意の受益者に対して不法行為責任とは異なる特別の責任を負わせたものではない。」と判示して，原判決（札幌高判平20・10・16金判1335号34頁）を破棄している。

第 5 章

信販取引関係訴訟

I　概　　説

　本章では，信販取引関係訴訟を取り上げる。信販取引とは，広くいえば，代金の支払を，商品の引渡し後に分割して行うことを認める取引のことであり，直ちに高額の現金を用意できなくとも，高額の商品を購入することができるようになるというメリット（事業者の立場からすると，高額の現金を用意しにくい人にも販売することが容易になるというメリット）を有するものである。

　この点を規定する割賦販売法は，取引形態として，割賦販売（割賦 2 条 1 項），ローン提携販売（同条 2 項），包括信用購入あっせん（同条 3 項），個別信用購入あっせん（同条 4 項），前払式特定取引（同条 6 項）を規定しているが，訴訟類型としては，販売業者等の提起する訴訟と，購入者等の提起する訴訟とに二分することができる。

　そこで，以下では，前者を販売業者等の提起する訴訟として，後者を購入者等の提起する訴訟として，それぞれの訴訟類型に応じて，実体法上及び手続法上の問題点を概観することとしたい。

II　販売業者等の提起する訴訟

　販売業者等の提起する訴訟は，その大部分が販売業者等が購入者等に対し

て賦払金の支払を求める訴訟であるが，さらに損害賠償を求める訴訟もある。これを賦払金等請求訴訟という。これが販売業者等の提起する訴訟の基本類型となるが，派生類型として，販売業者等が購入者等に対して，割賦販売契約の目的物の返還を求める訴訟（目的物返還請求訴訟）もある。

1．賦払金等請求訴訟

賦払金等請求訴訟は，信販取引関係訴訟の基本的な訴訟類型であって，要するに，販売業者等から購入者等に対する賦払金の支払請求のほか，損害賠償請求も含めてこのように称することとするが，その実体法上の問題点及び手続上の問題点は以下のとおりである。

〔1〕 実体法上の問題点

賦払金等請求訴訟で実体法的に問題となるのは，もっぱら割賦販売法の適用の可否である。割賦販売法は，多様かつ複雑な取引形態を規定しているほか，割賦販売契約が解除された場合の清算関係についても規定しているので，同法の適用を前提とする賦払金等請求訴訟においては，各取引形態ごとに同法の規定する要件等を具備するものであるか否かが問題となるからであるが，以下，割賦販売法の規定する取引形態に応じて，同法の適否をめぐる問題点を考察する。

(1) 割賦販売（割賦2条1項）について

　(a) 当事者　販売業者等と購入者等の間の契約類型は売買契約であるが，販売業者等（原告）が，購入者等（被告）に対し，割賦販売（売買契約）に基づき，未払代金（賦払金）の支払を請求する典型的な訴訟の請求原因（要件事実）は，以下のとおりである（割賦2条1項）。

　① 原告（販売業者等）が割賦販売を業とする者であること。

② 原告（販売業者等）と被告（購入者等）が，割賦販売に該当する売買契約を締結したこと。

したがって，個別方式（割賦販売法2条1項1号のうちカード等を利用しない方式）の場合には，目的物が指定商品，指定権利，指定役務に該当することを示すとともに，売買代金額及びその支払方法が2か月以上にわたり，かつ，3回以上に分割して支払われる約定となっていることを主張する必要がある。

さらに，包括方式（割賦販売法2条1項1号のうちカード等を利用する方式）の場合には，会員契約を締結し，カード等を交付してその利用の下に割賦販売が行われたことを，これに加えて主張する必要がある。リボルビング方式（同項2号）の場合には，代金の支払をリボルビング方式で行う旨の約定がされていることも，これに加えて主張する必要がある。

(b) **賦払金をめぐる問題点**　売買代金の支払を請求するには，弁済期の到来が要件となる。賦払金の請求についても，それぞれの賦払金の弁済期の到来が要件となるが，最終の賦払金の弁済期が到来していれば問題はない。

---

1) 割賦販売とは，販売業者等（商品又は権利の販売業者，役務提供事業を行う者〔役務提供事業者〕をいう。）が，購入者等（商品もしくは権利の購入者又は役務の提供を受ける者をいう。）に対し，2か月以上の期間にわたり，かつ，3回以上に分割して代金を受領することを条件に，指定商品等（政令で定められた指定商品，指定権利，指定役務をいう。）を販売等すること（指定商品もしくは指定権利を販売し，又は指定役務を提供すること。）である（割賦2条1項）。この割賦販売は，後記のカード等を用いない原則形態としての個別方式（個品割賦販売ともいう〔同項1号〕。）のほかに，販売業者等と購入者等との間において，あらかじめ会員契約を締結したうえで，販売業者等から購入者等に対し，提示もしくは通知し，又は引換えに商品等を購入することができるカード等（カードその他の物又は番号，記号その他の符号をいう。）を交付等することにより，指定商品等を販売等する包括方式（総合割賦販売ともいう。）も，明文化されていないが，当然に含まれると解されている（同号）（滝澤孝臣編『消費者取引関係訴訟の実務』（新日本法規出版，2004）206頁以下〔脇由紀〕）。割賦販売には，販売した指定商品等の対価の合計額を基礎として，あらかじめ定められた方法により算定して得た金額を当該利用者から受領するリボルビング方式の割賦販売も規定されている（割賦2条1項2号）。リボルビング方式には，①毎月の締切日における債務残高に関わりなく，約定の一定金額を支払い続ける定額リボルビング方式，②毎月の締切日における債務残高に約定の一定率を乗じた額を支払う定率リボルビング方式，③債務残高をその多寡によっていくつかのランクに分け，各ランクごとに一定の支払額を定めておき，毎月の締切日における債務残高に対応するランクに定められた一定額を支払う残高スライド定額リボルビング方式がある（山岸憲司ほか編『リース・クレジットの法律相談〔第3版〕』（青林書院，2010）333頁以下〔櫻井英喜〕）。

賦払金の最終弁済期が未到来であるにもかかわらず，残額全部の支払を請求するときは，期限の利益の喪失を主張するのが通例である。そして，割賦販売法5条1項により，20日以上の相当な期間を定めてその支払を書面で催告し，その期間内にその義務が履行されないときでなければ，支払の遅延を理由に契約を解除し，又は期限の利益の喪失を主張することができないと規定されている（割賦販売法5条2項により，これに反する特約は無効とされている。）。したがって，期限の利益の喪失を主張するためには，その旨の主張を併せて行わなければならないこととなる。

以上の主張を前提として，弁済の事実をも踏まえて，必要に応じて計算書を添付するなどして，売買代金の未払額を計算させるのが通例である。

(c) **損害金をめぐる問題点**

(ア) **損害金の発生要件**　販売業者等が遅延損害金を請求するには，弁済期を徒過したことが要件となるほか，購入者等の同時履行の抗弁権を喪失させるため，目的物である指定商品等を引き渡したことも要件となる。

(イ) **損害金の制限**

(ⅰ)　割賦販売法では，遅延損害金等について，販売業者等と購入者等との間で損害賠償額の予定がされていたとしても，一定の限度でその効力を制限し，購入者等が不当に高額な負担を余儀なくされることのないように，保護が図られている（割賦6条1項柱書）。

ただし，このような規制がされているのは，個別方式及び包括方式に限られている（割賦6条1項柱書・2条1項1号）。リボルビング方式（割賦2条1項2号）にこのような制限が及ぼされなかったのは，同方式においては，現実の債務総額に従って，手数料を含んだ分割弁済額がそのつど定められることとなるところ，その後の新たな商品購入等により，債務総額が変化し得るため，履行利益を確定することが困難であることが理由であると説明されている。

(ⅱ)　契約が解除された場合で，その目的物が指定商品又は指定権利の場合には，以下の額に，法定利率による遅延損害金を付加した金額が上限となる（割賦6条1項柱書）。

① 当該指定商品又は指定権利が返還された場合には，当該指定商品ないし指定権利の通常の使用料ないし使用利益，当該指定商品ないし指定権

利の割賦販売価格に相当する額か，これから当該指定商品ないし指定権利が返還された時点における価額を控除した額の，いずれか大きい額（割賦6条1項1号）。

② 当該指定商品又は指定権利が返還されない場合には，当該指定商品又は指定権利の割賦販売価格（割賦6条1項2号）。

③ 当該指定商品又は指定権利の引渡しないし移転の前に，契約が解除された場合には，当該契約締結及び履行のために通常要する費用の額（割賦6条1項3号）。

(iii) 契約が解除された場合で，その目的物が指定役務の場合には，以下の額に，法定利率による遅延損害金を付加した金額が上限となる（割賦6条1項柱書）。

① 当該指定役務の提供前に，契約が解除された場合には，当該契約締結及び履行のために通常要する費用の額（割賦6条1項3号）。

② 当該指定役務の提供開始後に，契約が解除された場合には，提供された役務の対価に相当する額に，当該役務の割賦提供価格に相当する額から当該役務の現金提供価格に相当する額を控除した額を加算した額（割賦6条1項5号）。

(iv) 契約が解除されていないが，賦払金の支払の義務が履行されていない場合については，当該商品もしくは権利の割賦販売価格又は当該役務の割賦提供価格に相当する額から，既に支払われた賦払金の額を控除した額に，これに対する法定利率による遅延損害金の額を加算した金額が上限となる（割賦6条2項）。

(v) いわゆる連鎖販売取引が特定商取引法により解除された場合等についても，割賦販売法6条3項及び4項において，特約にもかかわらず，請求し得る額に上限が設定されている。

(2) ローン提携販売（割賦2条2項）について[2]

---

[2] ローン提携販売とは，カード等を利用者に交付するなどし，当該利用者がそのカード等を提示するなどして購入した指定商品等の対価に充てるためにする金銭の借入れで，2か月以

(a) ローン提携販売は，①販売業者等が，購入者等に対し，指定商品等の販売を行うとともに，②購入者等に，販売業者等と提携している金融機関から金員を借りてもらったうえで（その際，販売業者等が保証し，又は保証会社に保証を委託する。），その金員で代金を弁済してもらい，③購入者等において，前記の借入金を金融機関に分割弁済するというものである。

したがって，この場合の訴訟形態は，保証をした販売会社等が，購入者等に対し，求償請求（事前求償又は事後求償）をするものが多いと思われる。

(b) ローン提携販売のうち，販売業者等が金融機関に保証をする形式の下で，求償請求がされる場合の請求原因を説明する（割賦2条2項）。

① 原告（ローン提携販売業者）がローン提携販売を業とする者であること。
② 原告（ローン提携販売業者）と被告（購入者等）との間で，会員契約を締結したこと。
③ 被告（購入者等）が，①②の会員契約に係るカード等を利用して，原告（ローン提携販売業者）から，2か月以上の期間にわたり，かつ，3回以上に分割して代金を支払うこと（包括方式の場合），又は，リボルビング方式で代金を支払うこと（リボルビング方式の場合）という約定の下で，指定商品，指定権利，指定役務を購入したこと。
④ 被告（購入者等）と金融機関との間で，③の代金に相当する金員につき，金銭消費貸借契約を締結したこと（金員の交付を含む。）。
⑤ 原告（ローン提携販売業者）が，被告（購入者等）から委託を受け，④について，金融機関に保証をしたこと。
⑥ 原告（ローン提携販売業者）が，被告（購入者等）のために，⑤を履行し

上の期間にわたり，かつ，3回以上に分割して返還することを条件とするものに係る購入者等の債務を保証（業として保証を行う者に当該債務の保証を委託することを含む。）をして，指定商品等を販売することである（割賦2条2項1号）。これを包括方式（総合ローン提携販売ともいう。）という。なお，特に保証会社に保証を委託する方式を，委託保証ローン提携販売ということもある。

ローン提携販売には，販売した指定商品等の対価の合計額を基礎として，あらかじめ定められた方法により算定して得た金額を当該利用者から受領するリボルビング方式のローン提携販売も規定されている（割賦2条2項2号）（山岸・前掲注1）303頁以下〔河東宗文＝内山義隆〕）。

たこと。

⑦　求償債権及び遅延損害金等の額。

ローン提携販売においても，割賦販売法6条が類推適用されるというのが判例であるから[3]，遅延損害金の利率は，法定利率に限定されることとなる。

(3)　包括信用購入あっせん（割賦2条3項）について[4]

(a)　包括信用購入あっせんとは，信用購入あっせん業者が，利用者との間で会員契約を締結してカード等を交付し，利用者等が，これを販売業者等に提示するなどして商品等を購入するなどし，信用購入あっせん業者がその代金を販売業者等に支払い，利用者（購入者）が代金相当額等を信用購入あっ

---

[3]　最判昭51・11・4民集30巻10号915頁・判時836号48頁・判タ344号185頁参照。

[4]　この包括信用購入あっせんの形態においては，カード等は割賦購入あっせん業者が発行するので，販売業者等がカード等を発行する包括方式の割賦販売とは，この点において違いがある。また，包括信用購入あっせんの形態においては，商品等に限定がなく，売買等の対象が指定商品等でなくとも，この形態に該当し得る。さらに，包括信用購入あっせんについては，包括方式の割賦販売と異なり，2か月以上の与信であれば，その回数を問わず，規制が及ぶものとされている（松田洋平ほか「『割賦販売法』改正の概要」NBL887号（2008）16頁）。

　包括信用購入あっせんには，販売した指定商品等の対価の合計額を基礎として，あらかじめ定められた方法により算定して得た金額を当該利用者から受領するリボルビング方式の包括信用購入あっせんも規定されている（割賦2条3項2号）。

　包括信用購入あっせんにおいては，包括方式においても，リボルビング方式においても，単にあっせん業者がその代金を販売業者等に支払い，利用者（購入者）が代金相当額等をあっせん業者に支払うと規定されているにとどまり，特に法形式について言及されていない。これは，契約内容等について定義上の限定を加えると，これとは異なる契約内容を選択され，結局，潜脱が容易になってしまうため，あえて契約内容等の規定を置かなかったものであると説明されている（経済産業省商務情報政策局取引信用課編著『割賦販売法の解説―平成20年版』（日本クレジット協会，2009）38頁）。

　そして，現実に採用されている契約形態としては，債務引受（立替払）型，債権譲渡型，保証委託型，金銭消費貸借型が多いとされている。

　債務引受（立替払）型とは，あっせん業者が商品等の代金相当額を販売業者等に立替払し，購入者等はあっせん業者に，当該代金相当額に手数料を加算した額を所定の回数に分割して支払うというものである。

　法形式としては，準委任（購入者等が，あっせん業者に対し，購入者等の販売業者等に対する売買代金の支払を委任〔準委任〕する契約であり，あっせん業者が，購入者等に請求するのは，〔準〕委任契約に基づく費用償還請求及び報酬請求と位置づける。）が典型的であるとされる。

せん業者に支払うというものである（割賦2条3項1号）。

　(b)　最も典型的な立替払型に即して、請求原因を説明することとする（割賦2条3項）。

　①　原告（信用購入あっせん業者）が割賦購入あっせんを業とする者であること。

　②　原告（信用購入あっせん業者）が、被告（購入者等）との間において、会員契約を締結したこと。

　③　被告（購入者等）が、カード等を利用して、販売業者等から商品等を購入したこと。

　④　原告（信用購入あっせん業者）が、③の売買契約に係る売買代金を、所定の方法により販売業者等に立替払したこと。

　⑤　被告（購入者等）が履行すべき債務について、所定の期限が到来（経過）したこと。

　なお、単純な弁済期の経過ではなく、期限の利益の喪失を主張するのであれば、原告（信用購入あっせん業者）が、所定の期間を定めて書面により催告をしたことも併せて主張する必要がある（割賦30条の2の4）。

　⑥　求償債権及び遅延損害金等の額。

　割賦販売法30条の3により、同法6条の適用される割賦販売の場合と同様、損害賠償額の予定がされていても、支払総額から既払金を控除した残額に法定利率（通常は商事法定利率により年6分）を超える額を請求することがで

　それ以外の法形式としては、消費貸借契約型（購入者等があっせん業者から売買代金を借り受け、あっせん業者は購入者等の委託により販売業者等にこれを支払い、購入者等が、その貸金をあっせん業者に分割弁済する。貸金型クレジットともいう。）、保証委託型（あっせん業者は、購入者等の委託〔（準）委任契約〕により、販売業者等に対して代金支払義務を保証するとともに、直ちにこれを履行して、購入者等から、〔準〕委任契約に基づき、費用償還請求等を行う。保証委託型クレジットともいう。）、提携ローン型クレジット（購入者等が、商品等の代金を、あっせん業者のあっせんにより提携金融機関から借り入れるというもの。その際、あっせん業者は、購入者等の委託〔（準）委任契約〕に基づき、提携金融機関に対して貸金返還債務を保証する。提携金融機関は、当該貸金をあっせん業者に支払い、あっせん業者はこれを販売業者等に支払う。購入者等は、あっせん業者を通じて、提携金融機関に分割弁済する。）という形式が主なものとされている（その前身である「割賦購入あっせん」についての説明である滝澤・前掲注1）218頁以下〔脇〕参照）。

(c) 次に，消費貸借契約型（貸金型クレジット）の場合について説明する。

この場合，購入者等と信用購入あっせん業者との間の契約関係は，金銭消費貸借であるから，前記の④の要件は，以下のとおりとなる。

④　原告（信用購入あっせん業者）は，被告（購入者等）に対し，販売業者に支払うべき売買代金に相当する金員を，所定の方法によって弁済することを合意したうえで，貸し付けたこと。

(d)　保証委託型クレジットの場合，購入者等と信用購入あっせん業者との契約関係は，保証委託契約となるから，前記の④の要件は，以下のとおりとなる。

④の1　原告（信用購入あっせん業者）は，被告（購入者等）の委託により，販売業者等に対して支払うべき売買代金に係る債務を保証し，その保証債務を履行したときは，所定の方法により求償請求することができる旨を約したこと。

④の2　原告（信用購入あっせん業者）は，被告（購入者等）のために前記の保証をし，かつ，保証債務を履行したこと。

(e)　提携ローン型クレジットの場合，購入者等が，提携金融機関から売買代金相当額を借り入れ，これを信用購入あっせん業者が委託に基づいて保証するという形式を採るため，信用購入あっせん業者が，保証債務を履行したうえで，求償請求するという訴訟形態になる。

したがって，前記の④の要件は，以下のとおりとなる。

④の1　被告（購入者等）は，販売業者等に対して支払うべき売買代金に充てるため，所定の条件で返済することを約したうえで，提携金融機関から一定の金員を借り受けたこと。

④の2　原告（信用購入あっせん業者）は，被告（購入者等）の委託により，提携金融機関に対する貸金返還債務を保証し，その保証債務を履行したときは，所定の方法により求償請求することができる旨を約したこと。

④の3　原告（信用購入あっせん業者）は，被告（購入者等）のために前記の保証をし，かつ，保証債務を履行したこと。

(4) 個別信用購入あっせん（割賦2条4項）について[5]

(a) 個別信用購入あっせんとは，購入者等がカードを用いることなく，販売業者等から商品購入等を行う際に，あっせん業者が，購入者等及び販売業者等との契約に従い，販売業者等に対して商品代金等に相当する額の金員を交付し，その後，購入者等が，あっせん業者に対し，前記の金員を所定の方法により分割弁済する取引形態である（割賦2条4項）。

(b) (3)の包括信用購入あっせんとは，会員契約の締結がないこと，商品等の購入などをする際に，カード等を利用する必要がないことにおいて，異なっているが，その余の点は類似している。

したがって，(3)(b)の②（会員契約の締結）が必要ないほか，(3)(b)の③（カード等を利用したうえでの商品等の購入等）については，カード等の利用を主張する必要がない。

(5) 前払式特定取引（割賦2条6項）について

前払式特定取引とは，商品の売買の取次ぎについては購入者から，指定役務の提供又はその取次ぎについてはその提供を受ける者から，それぞれ対価の全部又は一部を，あらかじめ，2か月以上の期間にわたり，かつ3回以上に分割して受領する取引形態をいう（割賦2条6項）が，実務上，訴訟に至る例が少ないので，請求原因の説明は割愛する。

---

〔2〕 手続法上の問題点

賦払金等請求訴訟で手続法的に問題となるのは，割賦販売法の規定する取引形態の全部について問題となるわけではないが，いわゆる抗弁の

---

[5] この取引形態は，平成20年改正がされるまでは，包括信用購入あっせんとともに，割賦購入あっせんの一類型と位置づけられていたが，個別信用購入あっせんについての問題事例が多数報告されていたことから，この取引形態について重点的に規制を強化する必要があるとの認識の下，この取引形態を包括信用購入あっせんから独立させて規定するに至ったものである。なお，この改正により，個別式ローン提携販売はすべて個別信用購入あっせんに含まれることとなった（松田ほか・前掲注4）16頁参照）。

接続である。また，クーリング・オフも，本来は，実体法上の問題点として位置づけられるべきものであるが，手続法的にも問題となるので，ここで考察する。

(1) 抗弁の接続をめぐる問題点

(a) ローン提携販売，包括信用購入あっせん，個別信用購入あっせんの場合，販売業者等とローン提携販売業者，信用購入あっせん業者とが別であることから，売買に係る商品等に不具合にあった場合など，販売業者等に対して主張し得る抗弁があったとしても，当然には，ローン提携販売業者，信用購入あっせん業者に対してこれを主張することができない。そこで，前記の各業者と販売業者等が密接な関係にあることが通例であること，購入者等は，割賦販売の場合と同様，商品等の引渡し等がされない場合には代金等の支払を拒絶し得る旨の期待をもっていること，前記の各業者は継続的取引関係を通じて販売業者等を監督することができることなどの観点から，前記の各業者からの請求に対し，購入者等が売買契約上の事由を対抗することができる旨の，抗弁の接続規定が設けられるに至った（割賦30条の4・30条の5・29条の4・35条の3の19）。

抗弁の対抗をし得るのは，当該商品等の販売又は役務の提供につき，それを販売ないし提供する販売業者等に対して生じている事由に限られる（割賦30条の4第1項・29条の4第2項・35条の3の19第1項）。

これまで問題とされたものとしては，いわゆる名義貸しがあるが，名義人が承諾していた以上，名義人において契約を締結する意思に欠けるものではないとして，抗弁が認められる事例は少ない。[6]

(b) 抗弁の接続を定めた規定は，単に購入者等が販売業者等に対して生じ

---

[6] 福岡高判平元・11・9判時1347号55頁・判タ719号164頁は，名義人が名義貸しを承諾した以上，契約締結意思に欠けるものではないが，当該名義貸しは信販会社従業員による積極的な勧誘によりされたものであるとして，民法93条ただし書を類推して契約の効力を否定した。信販業者による勧誘という悪質な事例であれば，購入者等が救済される余地がないではない。

ている事由をもって，あっせん業者等に「対抗することができる。」と定めるのみである（割賦30条の4第1項・29条の4第2項・35条の3の19第1項）。

　購入者等がその主張をする場合，単に支払を拒絶するだけで足りるとする見解（援用不要説）も成り立ち得るが，あっせん業者等は抗弁事由を当然に知り得る立場にはないので，購入者等において具体的な抗弁事由の主張立証をしたうえで抗弁を援用することが必要であると解されている（援用必要説）。[7]

　抗弁接続の効果は，あくまで販売業者等に対して主張し得る抗弁を，ローン提携販売業者や信用購入あっせん業者に対しても抗弁として主張し得るにとどまり，与信契約を解除することなどができることとなるものではないと解されている。[8]

(2) クーリング・オフをめぐる問題点

　これまで説明してきた取引類型においては，購入者等が受動的立場に置かれ，販売業者その他の事業者等の言辞に左右される面が強く，購入意思が不明確なまま契約の申込みや締結に至り，後日，契約の履行や解約をめぐって紛争が生ずることが少ない。そのため，契約の申込み又は締結をした購入者等に対し，一定の期間内に限り，無条件で契約の申込みを撤回し，又は契約を解除することを認めたのが，クーリング・オフという制度である。これは，いったん契約関係に入った以上，その合意に拘束されるという契約法の原則に修正を加えるものである。[9]

　クーリング・オフは，わが国においては，割賦販売法において初めて規定された制度であったが，現在は，個別信用購入あっせんを除き，廃止されている。[10]

7）　滝澤・前掲注1）243頁〔脇〕。
8）　澤井真一「抗弁権接続規定の適用効果」滝澤孝臣編・金融・商事判例50講——裁判例の分析とその展開〔増刊金判1211号〕（2005）76頁を参照。
9）　滝澤編・前掲注1）227頁以下〔脇〕。
10）　主として販売方法に着目して規制を行う特定商取引に関する法律（以下「特定商取引法」という。）において幅広くクーリング・オフの制度が導入されるに至り（特定商取引9条等），主として金融の側面に着目して規制を行う割賦販売法においてクーリング・オフの制度を置く必要は実質的になくなったと説明されている。ただし，訪問販売や電話勧誘販売（特定商

(a) クーリング・オフの要件は以下のとおりである。
① クーリング・オフの適用対象となる契約の申込み又は締結をしたこと。[11]
② 書面によりクーリング・オフの意思表示をしたこと。

書面性の要件が必須であるか否かについては争いがある。

書面によりクーリング・オフを行うことを要件としているのは，当事者間の権利関係を明確にするとともに，後日，紛争が生ずることのないようにする趣旨であるとされる。そのため，書面によらないでしたクーリング・オフは，無効であるとの説明がされている。

もっとも，これに対しては，クーリング・オフが消費者保護の観点から設けられたものであり，書面によることを不可欠の要件とするのではなく，あくまで，客観的な証拠の必要性を例示したまでであり，証拠上，クーリング・オフがされたことが認定されるのであれば，仮に書面でなされていなくとも有効であると解する見解もある。

前者の見解を前提とすれば当然に，後者の見解を前提としても可能な限り，クーリング・オフの意思表示を内容証明郵便等により行い，その事実を証拠上明らかにしておくことが必要といえよう。

なお，クーリング・オフの相手は，個別信用購入あっせん業者である。個別信用あっせん業者に対してクーリング・オフを行えば，販売契約等も撤回

　取引法9条及び24条により，販売契約自体はクーリング・オフの対象となる。）と個別信用購入あっせんが組み合わされた契約類型で被害報告が相次いだところ，特定商取引法の下では与信契約がクーリング・オフの対象とされていなかったので，割賦販売法においてこれを規定することとされている（割賦35条の3の10。連鎖販売取引，特定継続的役務提供，業務提供誘因販売の類型におけるクーリング・オフについても，同様である〔割賦35条の3の11〕。）（日本弁護士連合会編『消費者法講義〔第3版〕』（日本評論社，2009）199頁，経済産業省商務情報政策局取引信用課編著・前掲注4）197頁）。
11) 多岐にわたるので簡潔に説明すると，販売業者等の営業所等以外の場所において，販売契約の申込みをし（割賦35条の3の10第1項1号），又は締結したこと（同項4号），特定顧客（特定商取引2条1項2号参照）に該当する者が営業所等において販売契約等の申込みをし（割賦35条の3の10第1項2号），又は締結したこと（同項5号），電話勧誘販売の方法により販売契約等の申込みをし（同項3号），又は締結したこと（同項6号）である。なお，当該販売契約の申込みをし，又は締結した者は，個別信用購入あっせんの申込みをし，又は締結をした者と一致するはずである。

又は解除されたものとみなされる（いわゆるクーリング・オフ連動〔割賦35条の3の10第5項〕）。個別信用購入あっせんに係る契約だけクーリング・オフされ，販売契約等が存続するということは，当事者の合理的意思に反するからである。

　(b)　クーリング・オフの主要な消極的要件（適用除外規定）は，クーリング・オフ期間の経過である。

　クーリング・オフが可能な期間（いわゆるクーリング・オフ期間）は，原則として，個別信用購入あっせん業者が交付すべきものとされている与信契約の申込み受領時の法定書面（割賦35条の3の9第1項）と与信契約締結時の法定書面（同条3項）の各受領日のうち，いずれか早い日から起算して8日である（割賦35条の3の10第1項柱書ただし書）。

　いわゆるクーリング・オフ妨害があったときは，上記起算日は，改めてクーリング・オフの告知に係る書面が交付された日となる。すなわち，個別信用購入あっせん業者等から不実のことを告げられたために購入者等が誤信をしたり，威迫をされたことにより困惑したりした場合には，改めて上記書面が交付された日を起算点とする（割賦35条の3の10第1項柱書ただし書）。

　そして，クーリング・オフの意思表示については，発信主義が採用されているから（割賦35条の3の10第2項），上記起算日からクーリング・オフに係る書面が発信された日まで，8日を超えていたことが，クーリング・オフの消極的要件となる。その規定振りにかんがみ，個別信用購入あっせん業者が，同期間の経過を証明すべきこととなろう。

　(c)　**クーリング・オフの効果**　クーリング・オフの効果は，個別信用購入あっせんに係る契約の申込みの撤回又は契約の解除である（割賦35条の3の10第1項柱書本文）。この場合，個別信用購入あっせん業者は，購入者等に対し，損害賠償等を請求することができないとされている。

　また，契約の申込みの撤回又は契約の解除がされる結果，原状回復ないし不当利得の返還の必要が生ずる。

　まず，個別信用購入あっせん業者から販売業者等に対して交付されている立替払金等については，販売業者等から個別信用購入あっせん業者に直接返還されるべきこととされている（割賦35条の3の10第8項）。これと表裏一体をなす

ものとして，個別信用購入あっせん業者は，購入者等に対し，立替払金等の求償等をすることができないものとされている（同条7項）。

次に，購入者等から個別信用購入あっせん業者等に支払われている既払金等は，個別信用購入あっせん業者から購入者等に直接返還されるべきこととされている（割賦35条の3の10第9項）。

そして，購入者等から販売業者等に頭金等が支払われていたときは，これは，販売業者等から購入者等に返還されるべきこととされている（割賦35条の3の10第13項）。

販売業者等から購入者等に商品等が引き渡されていた場合には，明文の規定はないものの，購入者等から販売業者等に返還すべきこととなろう。

2．目的物返還請求訴訟

目的物返還請求訴訟は，要するに，割賦販売取引において，賦払金の支払がされないなどの理由により，目的物の返還を求める類型の訴訟であるが，その実体法上の問題点及び手続法上の問題点は以下のとおりである。

〔1〕 実体法上の問題点

目的物返還請求訴訟において実体法的に問題となるのは，目的物返還請求権である。

割賦販売のうち，個別方式及び包括方式の場合には，政令で指定された指定商品の所有権は，賦払金の全部の支払の義務が履行されるまで，当該販売業者等に留保されたものと推定されている（割賦7条）。

したがって，目的物の返還を求める訴訟の訴訟物としては，所有権に基づく返還請求権が選択されることが通例であろう。

この場合，請求原因としては，売買代金の未払額及び遅延損害金等につい

ての主張の必要がないこと以外は，未払代金（賦払金）の支払を求める場合とほぼ同じである。ただ，所有権留保の特約が存在し，かつ，期限後ないし期限の利益喪失後は，留保所有権に基づき商品を引き取ることができる旨の特約も併せて主張されるのが通例である。

〔２〕　手続法上の問題点

目的物返還請求訴訟において手続法的に問題となるのは，同時履行の抗弁権ないし留置権の抗弁である。

商品の売買契約の中に所有権留保特約が付された場合，少なくともその経済的実質は被担保債権の担保にあるとされている。買主の債務不履行を理由に売買契約が解除されたときは，売主は原状回復請求権ないしは留保所有権に基づき目的物の引渡しを請求することができるが，同時に買主に対する清算義務（すなわち既払金から違約金相当額を控除した残額の返還義務）を負う。[12] 両者の義務は同時履行の関係にあり，留置権も成立し得ると解されているので，[13] 購入者等は，販売業者等から原状回復請求権として目的物の返還を求められた場合，上記清算義務との同時履行の抗弁権を主張することができ，販売業者等から留保所有権に基づいて目的物の引渡しを求められた場合，上記清算に係る債権を被担保債権とする留置権の抗弁を主張することができることとなろう。

したがって，購入者等は，販売業者等から売買契約を解除のうえで目的物の引渡しを請求された場合，既払金から違約金相当額を控除した残額が存在することを主張立証し，[14] 同時履行の抗弁権ないし留置権の抗弁を主張するこ

---

[12]　購入者等が賦払金の支払を怠った場合の解除権行使の要件や請求し得る違約金等の額については購入者等保護のために制限が加えられている（割賦５条・６条）。

[13]　例えば，高木多喜男『担保物権法〔第４版〕』（有斐閣，2005）382頁。

Ⅲ　購入者等の提起する訴訟

購入者等の提起する訴訟は、もっぱら販売業者等に対する賦払金の支払義務を否定する訴訟であって、賦払金不存在確認訴訟がその基本類型である。さらに、派生類型として、既に支払った賦払金の返還を求める訴訟のほか、販売業者等に対して損害賠償を求める訴訟もある。

1．賦払金不存在確認訴訟

賦払金不存在確認訴訟は、要するに、購入者等が販売業者に対して、割賦販売取引に基づく賦払金の支払債務が存在しないことの確認を求める訴訟であるが、賦払金の支払を拒絶し得る地位にあることの確認を求める訴訟もある。

〔1〕　実体法上の問題点

前記Ⅱ1〔2〕(1)のとおり、購入者等は、賦払金等請求訴訟において、抗弁の接続を主張して賦払金の請求を拒絶することができるが、賦払金不存在確認訴訟は、購入者等が賦払金等請求訴訟における抗弁としてではなく、自ら積極的に賦払金の不存在を主張して訴えを提起することである。したがって、その実体法上の問題点のほとんどは、抗弁の接続その他既に述べた抗弁事由の説明において尽くされている。

---

14)　もっとも、割賦販売の場合には既払金が多くないことがほとんどであり、実際に清算義務が発生して同時履行の抗弁ないし留置権の抗弁を主張することができる場合は多くないであろう（内田貴『民法Ⅲ債権総論・担保物件〔第3版〕』（東京大学出版会，2005）556頁参照）。

抗弁の接続その他抗弁事由については，Ⅱ1〔2〕(1)の解説のとおりである。

> 〔2〕 手続法上の問題点
>
> 賦払金不存在確認訴訟で手続法的に問題となるのは，不存在であることの確認の方法である。

　割賦販売法30条の4による抗弁の接続の趣旨については，売買契約と与信契約の一体性等にかんがみ，これらの契約に牽連関係が生じているとして，当然のことを確認的に規定したにとどまるとする見解と，売買契約と与信契約とがあくまで別個の契約であることを前提に，購入者等の保護のために特に売買契約において生じた抗弁を与信契約においても主張し得ることとした創設規定であるとする見解とに理解が分かれる。前者の見解を前提とすると，抗弁の接続の結果，当然に与信契約上の債務も消滅していることと解する見解に繋がりやすい。後者の見解を前提とすると，抗弁の接続がされたとしても，与信契約上の債務が消滅するものではなく，単に履行を拒絶することができるだけであるとする見解に繋がりやすい。[15]

　抗弁の接続を認めた場合の主文であるが，広島高岡山支判平18・1・31（判タ1216号162頁）[16]は，あっせん業者等の購入者等に対する立替金請求を棄却したうえで，既に立替金請求が棄却されている以上，購入者等のあっせん

---

15) 詳細は，澤井・前掲注8）76頁以下，千葉恵美子「抗弁接続の要件・効果」梶村太市＝深沢利一＝石田賢一編『割賦販売法〔全訂版〕』（青林書院，2004）111頁以下等を参照。この点を正面から判断した東京地判平5・9・27判時1496号103頁は，抗弁の接続により与信契約上の債務が消滅するわけではないとしている。
16) 同訴訟においては，購入者等は，主位的にあっせん業者等に対する債務の不存在確認，以下順次予備的に当該債務の取立禁止，当該債務の履行を拒絶し得ることの確認，当該債務の支払請求を受けたときはその履行を拒絶し得ることの確認を請求の趣旨（控訴の趣旨）に掲げていた。

業者等に対する債務不存在等は確認の利益がないとしてこれに係る確認の訴えを却下した。他方，大阪地判平20・1・30（判時2013号94頁）は，債務不存在確認請求を棄却したうえで，購入者等があっせん業者等から立替金の支払請求を受けたときはその支払を拒絶することができる地位にあることを確認する旨の予備的請求を認容した。抗弁の接続の効果をどのように考えるかにも影響を受けるものではあろうが，その見解いかんによって判決主文の記載方法が自ずから導かれるというものではないであろう。この点は議論の深化が望まれる。[17]

2．既払金返還請求訴訟

既払金返還請求訴訟は，要するに，購入者等が販売業者等ないしあっせん業者等に対して，既に支払った賦払金等の返還を求める訴訟である。賦払金の支払債務の不存在というにとどまらず，既に支払った賦払金等の返還を求めるに至った訴訟である。

> 〔1〕 実体法上の問題点
>
> 既払金返還請求訴訟において実体法的に問題となるのは，既払金の返還を求めることができる実体法上の根拠である。

前記のとおり（Ⅱ1〔2〕(1)参照），購入者は，所定の要件を満たした場合に

---

[17] 例えば，大阪地判平20・1・30の事案において，原告と被告が入れ替わり，あっせん業者等が購入者等に賦払金の支払を請求していたとすれば，請求棄却という主文になっていたのではなかろうか。そうであるのであれば，その裏返しであるはずの大阪地判平20・1・30の主文において，端的に債務不存在確認請求を認容することが許されるのではないか。この点につき議論の必要性を提起するものとして，滝澤孝臣「パート従業員に対する呉服販売」廣瀬久和＝河上正二編・消費者法判例百選〔別冊ジュリ200号〕106頁以下参照。

は，販売業者等に主張し得る抗弁を，ローン提携販売業者や信用購入あっせん業者に対しても抗弁として主張し得る。これを超えて，購入者が，ローン提携販売業者や信用購入あっせん業者に対して既払金の返還を求める訴訟が提起されることもある。

　従前は，割賦販売法30条の4等はあくまで抗弁の接続を認めた創設規定であり，これを超えて既払金の返還請求をすることはできないとする裁判例が多く[18]，極めて悪質な事例において例外的に既払金の返還請求等を認めるものが散見されるにとどまっていた[19]。

　この点については，平成20年改正により若干の立法上の手当てがされるに至った[20]。すなわち，平成20年改正により，個別信用購入あっせんにおいては，いわゆる過量販売解除の制度が規定され（割賦35条の3の12），これにより，売買契約等とともに，個別信用購入あっせんに係る契約等についても同様に申込みを撤回し，又は契約の解除をすることができると規定されている。その場合，個別信用購入あっせん業者は，購入者等に対し，損害賠償請求等をすることができない反面（同条3項），既払金を購入者等に返還しなければならないと規定されている（同条4項～6項）。

　また，個別信用購入あっせんにおいては，いわゆる不実告知等を理由とする取消しの制度も規定され（割賦35条の3の13～35条の3の16），これにより販売契約等とともに与信契約も取り消すことができるものとされた。これにより，個別信用購入あっせん業者は，既払金を購入者等に返還しなければならないとされた。

---

[18] 東京地判平5・9・27判時1496号103頁・金法1402号39頁，広島地判平8・5・29判タ928号248頁・金法1459号41頁等がある。

[19] いわゆるデート商法を公序良俗違反として無効とし，クレジット契約を目的喪失により失効したとして，信販会社に対する既払金の不当利得返還請求を認めたものとして，名古屋高判平21・2・19判時2047号122頁。

[20] その詳細は，松田ほか・前掲注4）15頁，経済産業省商務情報政策局取引信用課編著・前掲注4）を参照。

> 〔2〕 手続法上の問題点
>
> 　既払金返還請求訴訟は賦払金請求訴訟の裏返しとして提起されるものであり，かつ，通常の金銭請求訴訟の形態で提起されるものであるから，これまで述べた説明が基本的に妥当し，特段説明すべき手続上の問題点はない。

3．損害賠償請求訴訟

　損害賠償請求訴訟は，要するに，購入者等が，あっせん業者等に対し，不法行為等に基づいて損害賠償を請求する訴訟である。

　前記のとおり，購入者等は，一定の要件の下，賦払金不存在確認訴訟及び既払金返還請求訴訟を提起することができる。これらの訴訟で勝訴することにより，未払である賦払金の支払を拒絶することができ，さらには既払金の返還を受けることができるので，それでもなお損害が残る場合は多くはないと思われる。ただし，弁護士費用のようにそれでは回復することができない損害もあるので，実務上は重要な訴訟類型であるといえる。

　賦払金不存在確認や，既払金返還請求が認められる事例は，販売業者にかなり問題のある事例がほとんどであり，そのような販売業者は資力に乏しいことがほとんどであるから，被告とされるのはあっせん業者等が中心となると思われる。

> 〔1〕 実体法上の問題点
>
> 　損害賠償請求訴訟において実体法上問題となるのは，その責任の根拠である。

あっせん業者等に対し，販売業者による違法行為の責任を追及する根拠としては，加盟店（販売業者）に対する管理調査義務が考えられる。名古屋高判平21・2・19（判時2047号122頁）は，あっせん業者が，販売業者による社会的に著しく不相当な販売行為を知り，あるいは容易に知り得るのに，漫然と与信を行い，その結果，購入者に対する被害が発生，拡大したというような特別な場合には，販売業者の不法行為責任を助長したものとして，不法行為責任（加盟店管理調査責任）を負うことがあることを認めている。[21]

〔2〕 手続法上の問題点

損害賠償請求訴訟も，賦払金等請求訴訟の裏返しである既払金返還請求訴訟の延長として提起されるものであり，かつ，通常の金銭請求訴訟の形態で提起されるものであるから，これまで述べた説明が基本的に妥当し，特段説明すべき手続上の問題点はない。

---

21) ただし，当該事案においては販売業者に対するクレームが原告の契約締結時までほとんど寄せられていなかったことから，不法行為責任を否定した。

第 6 章

特定商取引関係訴訟

I 概　　説

　本章では，特定商取引関係訴訟を取り上げる。特定商取引というのは，特定商取引に関する法律（以下「特定商取引法」という。）の適用を受ける取引である。特定商取引法は，訪問販売等に関する法律（昭和51年法律第57号）が，平成12年法律第120号による法改正に伴い，現在の名称に改められたものであるが，取引の内容（種類）に着目した法規制を目的とする法律ではなく，取引の方法（形態）に着目した法規制を目的とする法律ということができる。同法は，商品ないし権利の販売あるいは役務の提供といった取引を法規制の対象としているが，当該取引の内容（種類）が限定されているわけではなく，当該取引の方法（形態）として，①訪問販売，通信販売及び電話勧誘販売に係る取引，②連鎖販売取引，③特定継続的役務提供に係る取引，④業務提供誘引販売取引を同法1条で「特定商取引」として掲げ，当該取引を公正にすることをその目的の一つとして規定しているからである。

　したがって，特定商取引関係訴訟は，本書で取り上げる訴訟でも，取引の内容（種類）に着目した訴訟である金融商品取引関係訴訟，金融商品販売関係訴訟，商品先物取引関係訴訟，貸金業取引関係訴訟とは異なり，割賦販売法の適用をめぐる信販取引関係訴訟と同様に，取引の方法（形態）に着目した訴訟ということになる。

　特定商取引法は，取引の内容（種類）に着目した法規制ではないので，同

法の適用を受ける取引の内容（種類）は多様であるが，個々の具体的な取引の内容（種類）が同法の適否に際して問題となるわけではなく，特定商取引関係訴訟を取引の内容（種類）に応じて類型化することは適切でない。したがって，これを類型化するとなると，自ずと取引の方法（形態）に応じて類型化することになるが，特定商取引法が特定商取引として掲げる前記①訪問販売，通信販売及び電話勧誘販売に係る取引，②連鎖販売取引，③特定継続的役務提供に係る取引，④業務提供誘引販売取引ごとに訴訟を類型化してみても，取引の方法（形態）が法規制の対象となっているという意味では，問題点が共通するので，そのような類型化が有用であるとも解されない。結局，当該取引の当事者を特定商取引法の適用対象となる商品・権利・役務（以下「商品等」という。[1]）の販売者・提供者（以下「販売者等」という。[2]）と当該商品等の購入者・受領者（以下「購入者等」という。[3]）とに二分して捉えたうえで，販

---

1) 訪問販売，通信販売及び電話勧誘販売に係る取引の対象となるのは，商品もしくは指定権利又は役務であるが，そのうち指定権利については，「施設を利用し又は役務の提供を受ける権利のうち国民の日常生活に係る取引において販売されるものであって，政令で定めるものをいう。」と規定されている（特定商取引2条4項）。連鎖販売取引の対象となるのは，「物品（施設を利用し又は役務の提供を受ける権利を含む。）の販売（そのあっせんを含む。）」又は「有償で行う役務の提供（そのあっせんを含む。）」である（特定商取引33条1項）。特定継続的役務提供に係る取引の対象となる「特定継続的役務」とは，国民の日常生活に係る取引において有償で継続的に提供される役務であって，1号「役務の提供を受ける者の身体の美化又は知識若しくは技能の向上その他のその者の心身又は身上に関する目的を実現させることをもって誘引が行われるもの」，2号「役務の性質上，前号に規定する目的が実現するかどうかが確実でないもの」のいずれにも該当するものとして政令で定めるものをいう（特定商取引41条2項）。業務提供誘引販売取引の対象となるのは，概略，物品の販売（そのあっせんを含む。）又は有償で行う役務の提供（そのあっせんを含む。）の事業であって，その販売の目的物たる物品又はその提供される役務を利用する業務に従事することにより得られる利益を収受し得ることをもって相手方を誘引し，その者と特定負担（その商品の購入若しくはその役務の対価の支払又は取引料の提供をいう。）を伴うその商品の販売若しくはそのあっせん又はその役務の提供若しくはそのあっせんに係る取引（その取引条件の変更を含む。）をする取引をいう（特定商取引51条1項参照）。
2) 訪問販売，通信販売及び電話勧誘販売に係る取引においては，販売業者又は役務提供事業者と規定されているほか（特定商取引2条1項〜3項），連鎖販売取引においては，統括者（特定商取引33条2項），勧誘者（特定商取引33条の2第1項）及び一般連鎖販売業者（同項）が連鎖販売取引を行う者として同法の適用の対象となっている。特定継続的役務提供に係る取引においては，役務提供事業者又は販売業者（特定商取引41条1項参照），業務提供誘引販売取引においては，業務提供誘引販売取引を行う者（特定商取引51条参照）である。

売者等の提起する訴訟と，購入者等の提起する訴訟とに類型化して考察するのが問題点の理解に有益ではないかと解されるところである。

そこで，本章では，金融取引関係訴訟の一つとして，特定商取引関係訴訟を取り上げるに当たって，これを販売者等の提起する訴訟と，購入者等の提起する訴訟とに二分して，その問題点を概説することとする。

Ⅱ　販売者等の提起する訴訟

販売者等の提起する訴訟というのは，要するに，特定商取引法の適用取引に係る同法の適用を受ける商品等の販売者等がその購入者等に対してその販売・提供した商品等の代金の支払を求める訴訟，すなわち，代金請求訴訟ということになる。この代金請求訴訟が販売者等の提起する訴訟の基本類型である。その基本類型以外に，販売者等が購入者等に対して損害賠償を求める

3）　訪問販売に係る取引においては，特定顧客（特定商取引2条1項2号），電話勧誘販売に係る取引においては，電話勧誘顧客（特定商取引2条3項）と称されているほか，連鎖販売取引においては，連鎖販売業を行う者がその連鎖販売業に係る連鎖販売契約を締結した場合におけるその連鎖販売契約の相手方は「連鎖販売加入者」（特定商取引40条1項），特定継続的役務提供に係る取引においては，特定継続的役務提供契約を締結して特定継続的役務の提供を受ける者又は特定権利販売契約を締結して特定継続的役務の提供を受ける者は「特定継続的役務提供受領者」（特定商取引46条1項）とそれぞれ称されているが，業務提供誘引販売取引においては，取引の「相手方」（特定商取引58条1項）と称されている。
4）　同旨の類型化は，筆者（滝澤）が分担している第4章の貸金業取引関係訴訟においても試みている。貸金業法は，取引の内容（種類）を法規制の対象としているが，当該取引が貸金業取引に限定されているので，貸金業取引関係訴訟を取引の内容（種類）に従って細分化した類型化には意味がないと考えたためである。取引の内容（種類）が多様であるが，これを細分化した類型化が適切でないと考えた特定商取引関係訴訟とはその視点が異なる。
5）　訪問販売，通信販売及び電話勧誘販売に係る取引においては，商品もしくは権利の販売価格又は役務の対価である（特定商取引4条1項2号・11条1号・18条2号）。連鎖販売取引においては，取引料，加盟料，保証料その他いかなる名義をもってするかを問わず，取引をするに際し，又は取引条件を変更するに際し提供される金品を「取引料」と称して，その法規制の対象としている（特定商取引33条3項）。特定継続的役務提供に係る取引においては，役務の対価又は権利の販売価格であるが（特定商取引42条2項2号・3項2号），業務提供誘引販売取引においては，連鎖販売取引における取引料と同様の規定でもって，取引料を法規制の対象としている（特定商取引51条2項）。

訴訟も観念することができるが，特にこれを派生類型として取り上げるまでの必要もないようである。これまでの裁判例をみても，販売者等が提起する訴訟としては，代金請求訴訟がもっぱらである。そこで，代金請求訴訟を１として取り上げることとする。

1．代金請求訴訟

代金請求訴訟というのは，前記したとおり，販売者等が購入者等に対してその販売・提供した商品等の代金の支払を求める訴訟である。販売者等と購入者等との間に特定商取引法の規定する特定商取引が成立したことを請求の原因とする訴訟であるので，販売者等と購入者等との間で実際に成立した取引が特定商取引法の適用を受け得る取引であったのか，その該当性いかんが，実体法上においても，手続法上においても，もっぱら問題となる。

―――――――――――――――――――――――――――――――

〔１〕　実体法上の問題点

代金請求訴訟において実体法的にまず問題となるのは，販売者等と購入者等との間の取引が特定商取引法の適用の対象となる取引であるか否かである。特定商取引法による法規制を販売形態と，販売方法とに二分すると，代金請求訴訟では，当該代金を発生させる取引の形態が特定商取引法の規定する販売形態に該当することが前提になるので，その該当性いかんが実体法上の第１の問題点となる。

―――――――――――――――――――――――――――――――

6）　特定商取引では，販売者等が購入者等に賠償を求め得る損害金の限度について規定があるので（特定商取引10条・25条・40条の２第３項・58条の３），販売者等が購入者等に損害賠償を求める場合には，各規定の適否が問題となるところであるが，これまでの裁判例では，購入者等が販売者等に対して支払済みの代金の返還を求める訴訟において，その清算をめぐって各規定の適否がもっぱら問題となっているようである。本章では，これを踏まえ，販売者等が購入者等に損害賠償を求める訴訟を販売者等の提起する訴訟の一つとして類型化することなく，購入者等が提起する訴訟の一つとして，代金請求訴訟を取り上げるが，その中で，各規定の適否を考察することとした。

また，取引の方法が特定商取引法の規定する販売方法に該当するか否かも問題となるが，代金の支払を拒絶する場面でもっぱら問題となるので，販売形態の該当性とは反対に，販売方法の非該当性を第2の問題点として捉えるのが適切である。なお，販売者等の購入者等に対する代金請求訴訟において最も問題となるのは，クーリング・オフに基づく契約（の申込み）の撤回ないし契約の解除による代金債務の不発生ないし消滅，不実の告知又は事実の不告知に基づく契約の取消しによる代金債務の消滅であるが，購入者等の提起する訴訟のうち，債務不存在確認訴訟の実体法上の問題点として取り上げる方がわかりやすいので，ここでは取り上げないこととした。

　そこで，以下，第1に，販売形態の特定商取引法該当性について，第2に，販売方法の特定商取引法非該当性について，特定商取引関係訴訟の実体法上の問題点として，これを概説することとする。

(1) 販売形態の特定商取引法該当性をめぐる問題点

　特定商取引法は，特定商取引として①訪問販売，通信販売及び電話勧誘販売に係る取引，②連鎖販売取引，③特定継続的役務提供に係る取引，④業務提供誘引販売取引を掲げている。したがって，販売者等が購入者等に対して特定商取引法に従って販売代金の支払を求めるには，販売者等と購入者等との取引が同法の規定する上記の販売形態に該当するものでなくてはならないが，その該当性をめぐって問題となる場合を同法の規定する取引ごとに個別的に考察すると，以下のとおりである。

---

7) もっとも，販売者等が代金の支払を求めるには，商品等の販売・提供に係る契約の成立を代金の定めを含めて主張立証すれば足り，当該契約が特定商取引に係る契約の販売形態に該当することは，クーリング・オフに基づく契約の撤回・解除ないし不実の告知あるいは事実の不告知による契約の取消しを主張する購入者等が立証すべきものと解すると，販売者等は，当該契約の販売方法が特定商取引法の規定に適合するものであったから，購入者等の主張する契約の撤回ないし解除あるいは取消しは効力を生じないあるいは効力が消滅すると主張立証すべきことになるが，手続法上の問題であって，実体法上の問題としては，本文のとおり理解するのがわかりやすい。

(a) 訪問販売に係る取引　訪問販売に係る取引とは、販売者等が①「営業所、代理店その他の主務省令で定める場所（以下『営業所等』という。）以外の場所において、売買契約の申込みを受け、若しくは売買契約を締結して行う商品若しくは指定権利の販売又は役務を有償で提供する契約（以下『役務提供契約』という。）の申込みを受け、若しくは役務提供契約を締結して行う役務の提供」に係る取引（特定商取引2条1項1号）、②「営業所等において、営業所等以外の場所において呼び止めて営業所等に同行させた者その他政令で定める方法により誘引した者（以下『特定顧客』という。）から売買契約の申込みを受け、若しくは特定顧客と売買契約を締結して行う商品若しくは指定権利の販売又は特定顧客から役務提供契約の申込みを受け、若しくは特定顧客と役務提供契約を締結して行う役務の提供」に係る取引（特定商取引2条1項2号）をいう。

前者については、取引場所が販売者等の営業所等に該当するか否か、その該当性をめぐって争われる事案もないわけではない。例えば、ホテル等で行われる展示会等における取引である[8]。また、取引の対象となった商品等が訪問販売取引の対象となる商品等に該当するか否かも問題とならないわけではない[9]。

後者についても、特定顧客に対する取引の誘引が営業所等以外の場所で行われたか否か、その該当性をめぐって争われる事案もないわけではない[10]。

(b) 通信販売に係る取引　通信販売に係る取引とは、販売者等が「郵便その他の主務省令で定める方法（以下『郵便等』という。）により売買契約

---

[8] 東京地判平20・3・28判タ1276号323頁は、ホテル等で行われた展示会における和服等の売買について、訪問販売取引に該当するとして、顧客のクーリング・オフを認めている。高松高判平20・1・29判時2012号79頁は、デパート内の店舗もしくは大催事場又は展示会ないし旅行会において行われた着物等の売買につき、訪問販売取引に該当しないとして、顧客のクーリング・オフを認めていないが、当該売買の一部について、公序良俗違反による無効が認められている事案である。名古屋地判平16・11・19判時1917号117頁は、ホテルの会議場において4日間にわたって行われた展示会でのパソコンのソフト及び機器の売買につき、大阪地判平6・3・9判タ892号247頁は、旅館で行われた展示販売会における呉服等の売買につき、いずれも訪問販売取引に該当しないとしている。

[9] 大阪高判平18・9・13判タ1225号275頁は、洗面台を取り付けて設置する旨の契約につき、東京地判平6・9・2判時1535号92頁は、住宅の外壁改装工事の請負契約につき、いずれも訪問販売取引に該当するとしている。

又は役務提供契約の申込みを受けて行う商品若しくは指定権利の販売又は役務の提供であって電話勧誘販売に該当しないもの」をいう（特定商取引2条2項）。

通信販売取引では，電話勧誘販売取引が除外されているうえ，その取引態様である郵便等による申込みが客観的，外形的に明確であるためか，通信販売取引に該当するか否かが特に問題となった事案はないようである。

(c) **電話勧誘販売に係る取引**　電話勧誘販売に係る取引とは，販売者等が「電話をかけ又は政令で定める方法により電話をかけさせ，その電話において行う売買契約又は役務提供契約の締結についての勧誘（以下『電話勧誘行為』という。）により，その相手方（以下『電話勧誘顧客』という。）から当該売買契約の申込みを郵便等により受け，若しくは電話勧誘顧客と当該売買契約を郵便等により締結して行う商品若しくは指定権利の販売又は電話勧誘顧客から当該役務提供契約の申込みを郵便等により受け，若しくは電話勧誘顧客と当該役務提供契約を郵便等により締結して行う役務の提供」をいう（特定商取引2条3項）。

電話勧誘販売取引でも，その取引態様である電話勧誘行為による勧誘と郵便等による申込みもしくは契約の締結とが客観的，外形的に明確であるためか，電話勧誘販売取引に該当するか否かが結果的に問題となった事案は見当たらない。[11]

(d) **連鎖販売取引**　連鎖販売取引とは，要するに，販売の目的物たる物品の再販売，受託販売もしくは販売のあっせんをする者又は同種役務の提供

---

10) 東京地判平8・4・18判時1594号118頁は，購入者等の事務所で入会の申込みがされ，その後，販売者等の内部審査を経て入会の承諾がされたゴルフ会員権の購入契約につき，訪問販売取引に該当するとしている。東京地判平6・6・10判時1527号120頁・判タ878号228頁も同旨である。また，前掲注8）名古屋地判平16・11・19は，ホテルの会議場で行われている展示会の従業員が顧客と待ち合わせ，商品の購入を説明した後に展示会に同行した場合に，訪問販売取引に該当しないとしている。

11) 東京地判平20・2・26判時2012号87頁は，教材の売買契約につき，予備的請求として，電話勧誘販売取引に該当することを前提として，特定商取引法違反による公序良俗違反などを理由に，不当利得として，既払金の返還が求められた事案であるが，電話勧誘行為の違法が不法行為を構成するとして，損害賠償が求められた主位的請求が認容されているため，電話勧誘販売取引に該当するか否かについては判断されていない。

もしくはその役務の提供のあっせんをする者を特定利益を収受し得ることをもって誘引し，その者と特定負担を伴うその商品の販売もしくはそのあっせん又は同種役務の提供もしくはその役務の提供のあっせんに係る取引（その取引条件の変更を含む。）をいう（特定商取引33条）。[12]

連鎖販売取引というと，いわゆる「ネズミ講」取引，「マルチ商法」取引など，無限連鎖講の防止に関する法律の適用を受ける取引が想起される。しかし，特定商取引法にいう連鎖販売取引は，それ自体で無限連鎖講の防止に関する法律の適用を受ける取引ではなく，ネズミ講，マルチ商法といった取引にみられる公序良俗違反が直ちに問題となる取引ではない。実際の訴訟においても，特定商取引法にいう連鎖販売取引に該当するか否かではなく，公序良俗違反が問題となる場合が少なくない。[13]

(e) **特定継続的役務提供に係る取引**　特定継続的役務提供に係る取引とは，販売者等（①では，役務提供事業者。②では，販売業者）が①「特定継続的役務をそれぞれの特定継続的役務ごとに政令で定める期間を超える期間にわたり提供することを約し，相手方がこれに応じて政令で定める金額を超える金銭を支払うことを約する契約を締結して行う特定継続的役務の提供」に係る取引（特定商取引41条1項1号），②「特定継続的役務の提供（前号の政令で定める期間を超える期間にわたり提供するものに限る。）を受ける権利を同号の政令で定める金額を超える金銭を受け取って販売する契約を締結して行う特定継続的役務の提供を受ける権利の販売」に係る取引（同項2号）をいう。

---

12) 再販売，受託販売，同種役務の提供，特定利益，特定負担などについては，特定商取引法33条の法文上で，それぞれ定義がされている。
13) いわゆる「モニター商法」取引が問題となった神戸地判平16・9・21判時1891号115頁，東京地判平14・7・24判タ1139号171頁がある。公序良俗違反がもっぱら問題となっている事案であるが，後者では，特定商取引法の趣旨も斟酌されて，公序良俗違反が認められている。いわゆる「ベルギーダイヤモンド商法」取引が問題となった事案として，福岡高判平8・4・18判タ933号175頁，名古屋地判平6・5・27判タ878号235頁がある。前者は，特定商取引法にいう連鎖販売取引に該当しないとし，後者は，該当するとする。なお，同取引に係る裁判例は，ほかに，大阪高判平5・6・29判時1475号77頁・判タ834号130頁，東京高判平5・3・29判時1457号92頁・判タ861号260頁，大阪地判平4・3・27判時1450号100頁，大阪地判平3・3・11判時1401号81頁・判タ773号204頁，東京地判平元・8・29判時1331号86頁などがある。

特定継続的役務提供に係る取引が問題となった事案として，レッスンポイント制を採用している外国語会話教室の受講契約があるが，特定商取引法の適用が認められている。

(f) 業務提供誘引販売取引　業務提供誘引販売取引とは，要するに，その販売の目的物たる物品又はその提供される役務を利用する業務に従事することにより得られる利益（業務提供利益）を収受し得ることをもって相手方を誘引し，その者と特定負担を伴うその商品の販売もしくはそのあっせん又はその役務の提供もしくはそのあっせんに係る取引（その取引条件の変更を含む。）をいう（特定商取引51条1項）[15]。

業務提供誘引販売取引が問題となった事案として，在宅ワークのためのパソコン教材等の販売[16]，インターネットオークション[17]があるが，いずれも特定商取引法の適用が否定されている場合である[18]。

(2) 販売方法の特定商取引法非該当性をめぐる問題点

特定商取引法は，その適用対象となる特定商取引について，販売者等に対し，購入者等に対する書面の交付を義務づけているほか，販売者等が購入者等に対してしてはならない禁止行為を掲げている。販売者等がこれに違反しても，特定商取引に係る契約が成立しないわけではないが，購入者等によるクーリング・オフに基づく契約の撤回ないし契約の解除については，書面の交付を基準にした期間的な制限があるので，販売者等がその期間徒過を主張するためには，書面の交付が前提となるし，また，販売者等の不実の告知又は事実の不告知に基づく購入者等の契約の取消しを制限するには，事実の告

---

[14] 最判平19・4・3民集61巻3号967頁・判時1976号40頁・判タ1246号95頁である。なお，同判決の判旨は後述（注49））する。
[15] 特定負担については，特定商取引法51条1項の法文上で，その定義がされている。
[16] 東京地判平18・2・27判タ1256号141頁参照。
[17] 神戸地姫路支判平17・8・9判時1929号81頁参照。
[18] 前掲注16）東京地判平18・2・27は，いわゆる「適用除外」が認められている事案，前掲注17）神戸地姫路支判平17・8・9は，原告が，被告に対して損害賠償を求める注意義務違反の根拠として，被告が「業務提供誘引販売取引」を業として行う者であると主張していたが，被告がオークションを運営することが同取引に該当するとはいえないとして，原告の主張が排斥されている事案である。

知又は不実の不告知が前提となるので，販売者等が購入者等に対して特定商取引法に従ってその販売・提供した商品等の代金の支払を求めるには，販売者等と購入者等との間の特定商取引においてその販売方法が同法の規定する販売方法に該当するものでなくてはならないことになる[19]。もとより当該取引について特定商取引法の適用が除外される場合には該当性は否定される。

　(a) 書面の交付の有無　特定商取引法は，販売者等に購入者等に対する書面の交付を義務づけている[20]。その義務づけによって，特定商取引に係る契約が要式行為化するわけではないが，書面の交付を前提に，クーリング・オフの時間的な制限が規定されるなど，書面の交付の有無によって実体法上の法律効果が異なる結果となる。書面の交付の有無は，実体法上の問題点としてみると，書面の交付という事実それ自体は外形的に確定し得る事実であるから，事実の有無という次元で書面の交付が問題となることは少なく，もっぱら問題となるのは事実の評価という次元であって，交付された書面が特定商取引法の規定する書面に該当するか否か，その内容的な確定である。これまでの裁判例をみても，そのような意味で，書面の交付が否定されているということができる[21]。

　(b) 禁止行為の有無　特定商取引法は，販売者等に対し，購入者に対してしてはならない禁止行為を掲げている。不実の告知又は事実の不告知が代表的であるが，これを裁判例を通じて具体的，個別的にみてみると，前者については，例えば，パソコン機材等の販売に際して割賦代金の返済は当該パ

---

[19] クーリング・オフの規定あるいは契約の取消しに関する規定が適用されない必要があるという意味であって，その該当性について販売者等が証明責任を負うという意味ではない。前掲注7）参照。

[20] 訪問販売取引については特定商取引法4条・5条，電話勧誘販売取引については18条・19条，連鎖販売取引については37条，特定継続的役務提供取引については42条，業務提供誘引販売取引については55条である。

[21] 例えば，東京地判平16・7・29判時1880号80頁があるが，売買の際に交付された書面が特定商取引法（旧訪問販売法）の規定する要件を具備していないとして，クーリング・オフ期間が進行しないとした事案である。東京地判平8・4・18判時1594号118頁，東京地判平7・8・31判夕911号214頁，東京地判平6・9・2判時1535号92頁，東京地判平6・6・10判時1527号120頁・判夕878号228頁，東京地判平5・8・30判夕844号252頁など，同旨の判示をする裁判例は少なくない。また，大阪高判平12・4・28判夕1055号172頁・金判1107号22頁も，書面の不交付が問題の一つになっている事案である。

ソコンを利用した在宅ワークによる収入によって返済ができるなどと説明したことが不実告知に当たるとされ[22]、後者については、例えば、いわゆる「モニター商法」取引に係る商品の販売契約の勧誘行為が当該販売契約の問題点や新規勧誘の困難性を一切秘匿して、当該販売契約があたかも手軽に高収入の望めるサイドビジネスであるかのような印象を与えるものであったとして、特定商取引法34条1項5号の「連鎖販売取引の相手方の判断に影響を及ぼすこととなる重要なものにつき、故意に事実を告げない行為」に当たるとされている[23]。

(c) **特定商取引法の適用除外**　特定商取引法は、26条で、同法の対象となり得る特定商取引についても、その適用が除外される場合について規定している。したがって、その適用除外例に該当する場合には、特定商取引法の規定するクーリング・オフによる契約の撤回ないし解除も、不実の告知あるいは事実の不告知による契約の取消しも問題とならない。

特定商取引法の適用除外が問題となった事案をみると、営業のためもしくは営業としての購入であったか否かが争われた場合[24]がある。

〔2〕　手続法上の問題点

代金請求訴訟において手続法的に問題となるのは、実体法上の問題点として指摘された事項の立証がもっぱらである[25]。そこで、販売形態の特定商取引法該当性をめぐる立証と、販売方法の特定商取引法非該当性をめぐる立証という二面から、その手続法上の問題点について考察することとする。

---

22) 前掲注16) 東京地判平18・2・27参照。
23) 前掲注13) 東京地判平14・7・24参照。
24) 特定商取引法26条1項1号所定の適用除外についてであるが、神戸地判平15・3・4金判1178号48頁は、適用除外を認めなかった場合である。
25) 販売形態ないし販売方法の主張立証責任の分配については、前掲注7) に指摘したので、ここでは割愛する。

(1) 販売形態の特定商取引法該当性をめぐる立証

　特定商取引法が掲げる特定商取引は，①訪問販売，通信販売及び電話勧誘販売に係る取引，②連鎖販売取引，③特定継続的役務提供に係る取引，④業務提供誘引販売取引であるが，その販売形態が特定商取引に該当するか否かをめぐって争われた裁判例は，前記したとおりである。そのなかで，立証上の問題点をみると，ホテル・旅館の会議場・催事場などで展示会を開催して行われる商品等の販売において，当該場所が販売者等の営業所等に該当するか否かについては，当該場所の利用が一時的であったとしても，なお販売者等の営業の物的施設として認められるというためには，利用の日数，利用の態様などが問題となっているようである。購入者等がその事務所で申込みをした後，販売者等がこれを承諾して成立した契約が特定商取引法2条1項2号の訪問販売取引に該当するか否かについては，特に立証上の問題点もないようであるが，購入者等が同号にいう特定顧客に該当するか否かをめぐって問題になる余地があるように思われる。

(2) 販売方法の特定商取引法非該当性をめぐる立証

　(a) 書面の交付の立証　　書面の交付の有無は，もっぱら当該書面をもって立証されるべきものである。当該書面は，証明の対象であるが，その証明にとって最適な証拠であることは否定し得ないからである[26]。もっとも，当該書面による立証は，その存在を前提にして可能であるから，当該書面が紛失・廃棄される等して存在しない場合に，その立証が問題となるが，書面の交付を欠く場合と峻別されなければならない。後者は，書面の交付を前提とした法律効果をそもそも享受し得ない場合であるのに，前者は，書面の交付を前提にした法的効果を享受し得る可能性がある場合であるからである。当該書面以外の証拠による立証を一概に否定するのは，その可能性を封じてしまう

---

26) この点に特に異論はないと思われるが，このような指摘をするのは，かつて手形訴訟において問題となる手形行為の立証をめぐって，手形は証明の対象であるから，当該手形を証明の手段（証拠方法）として利用することはできないという見解もあったからである（滝澤孝臣「手形署名の立証責任」村重慶一編『裁判実務大系(2)手形小切手訴訟法』（青林書院，1984）323頁参照）。

ことになるので，当該書面以外の証拠による立証も認められるべきであるが，書面の交付が必要とされた趣旨を潜脱する結果となるような認定は避けなければならない。[27]

(b) **禁止行為の立証** 禁止行為の有無がもっぱら問題となるのは，不実の告知又は事実の不告知についてである。その立証は，不実の告知については，告知された事実が不実であること，事実の不告知については，告知されるべき事実が告知されなかったことを対象とするが，告知が書面によっている場合には，前記(a)で指摘した問題はあるとはいえ，その書面によって告知の立証が可能である。しかし，告知が，対話による場合であっても，電話による場合であっても，口頭によっている場合には，告知された事実が不実であったという意味でも，告知に際して告知されるべき事実が告知されていなかったという意味でも，告知したという側と告知されたという側との水掛け論になりかねない。結局，双方の供述の信用性といった次元で立証の有無が判断されるのが一般的である。もとより供述も証拠方法の一つであるから，信用し得る供述に基づく認定に異を唱えるべきものではないが，供述の証拠としての主観性を考えると，当該供述を補完する意味でも，客観的な証拠が求められる。その例として，対話を録取したテープ，メモリ等を証拠として提出することも考えられるが，対話を録取する方法をめぐって争われる場合も予想されるので，その争いに対処し得る形で録取する必要がある。[28]

---

27) 書面の交付がないとしてクーリング・オフ期間の進行を否定した前掲注21)の裁判例の多くは，交付された書面が特定商取引法の規定する要件を具備するものではなかったことを理由としている。
28) 対話の録取，電話の録取などについては，対話者の一方が他方に無断で録取した場合に，その証拠能力が問題となる。民事訴訟法は，文書の証拠力については規定しているが，証拠の収集方法の適否といった見地から，当該証拠の証拠力の有無を規定していないので，もっぱら当該証拠の証明力の問題に帰するが，受訴裁判所によって，証拠として採用されない場合も予想される。

Ⅲ　購入者等の提起する訴訟

　購入者等の提起する訴訟というのは，販売者等に対するその販売・提供した商品等の代金の支払義務の存在を争い，その不存在確認を求める場合には，販売者等の提起する訴訟の反対現象にとどまるが，当該代金の支払義務の存在を争うだけなく，販売者等に対して支払済みの代金の返還を求め，さらに，損害賠償を求める場合には，販売者等の提起する訴訟の反対現象にとどまらない。したがって，購入者等の提起する訴訟には，少なくとも上記の２類型が存することになる。後者は，支払済みの代金の返還を求める限りにおいては，代金債務の不存在を基本として，そこに派生するものであるが，損害賠償を求めるに至っては，特定商取引に係る契約の勧誘，締結ないしその後の履行における販売者等（その従業員を含む。以下同じ。）の債務不履行あるいは不法行為を原因とする損害賠償請求であるのが一般的であって，代金債務の存否とは直接的に関係する訴訟ではない。その意味では，代金債務の不存在を基本として，ここに派生するものではないが，代金債務の存在を争う理由として，契約の勧誘ないし締結に際しての販売者等の債務不履行あるいは不法行為が主張される場合もあるので，その意味では，両者の関連性を認め得ないわけではない。そこで，便宜，債務不存在確認訴訟を基本類型として１で，代金返還請求訴訟を派生類型として２で，さらに，損害賠償請求訴訟を派生類型として３で取り上げることとする。

1．債務不存在確認訴訟

　債務不存在確認訴訟というのは，購入者等が販売者等との間で販売者等の主張する代金債権に対応する債務が存在しないことの確認を求める訴訟である。販売者等の主張する代金債権の発生原因となる特定商取引に係る契約の成立を前提に，代金債権が消滅する場合として典型的であるのは，弁済であるが，債権一般の消滅原因であって，特定商取引に特有の問題ではない。特定商取引に特有の問題となると，クーリング・オフに基づき契約（の申込み）

の撤回ないし契約の解除による代金債権の不発生ないし消滅，不実の告知又は事実の不告知に基づく契約（の意思表示）の取消しによる代金債権の消滅である。また，それ以外にも，特定商取引に係る契約の効力が問題となって代金債権の帰すうが争われる場合もある。例えば，公序良俗違反を理由に当該取引に係る契約の無効が主張される場合である[29]。公序良俗違反の成否は，民法の一般条項の適否に帰する問題であって，特定商取引に特有の問題ではないが，特定商取引の形態が問題となって公序良俗違反が主張されている場合には，これも特定商取引関係訴訟に関係する問題として検討しておく必要がある。債務不存在確認訴訟で問題となるのは，概要，以上のとおりであるが，これを実体法上の問題点と，手続法上の問題点とに分類すると，以下のとおりとなる。

〔1〕 実体法上の問題点

　債務不存在確認訴訟において実体法的に問題となるのは，前記したところを前提にすると，クーリング・オフに基づく契約の撤回ないし契約の解除の成否，不実の告知又は事実の不告知に基づく契約の取消しの成否，公序良俗違反の成否である。いずれも代金債務の不発生あるいは消滅として，販売者等が提起する代金請求訴訟においては，代金債権の発生を販売者等が，請求原因事実として，主張立証したうえで，抗弁事実として，購入者等が主張立証すべきものであるが，債務不存在確認訴訟では，請求原因事実として，購入者等が主張立証すべきものである[30]。

---

29) 民法の適用が問題となるのは，公序良俗違反だけではない。詐欺・強迫による契約（に係る意思表示）の取消し，錯誤による契約（に係る意思表示）の無効もある。また，特定商取引に係る契約が消費者契約法の適用を受ける消費者契約に該当する場合には，同法の規定する取消しも問題となるところであるが，特定商取引関係訴訟に特有の問題ではないので，この点の考察は割愛する。

30) もっとも，代金債権の発生を販売者等が主張立証すべき抗弁事実として捉えると，代金債務の不発生あるいは消滅は購入者等が主張立証すべき再抗弁事実と捉えることになるが，請求原因事実としてせり上がるとみるのが簡明である。

(1) クーリング・オフをめぐる問題点

　代金債務が消滅する場合として，特定商取引法の適用の下において典型的であるのは，クーリング・オフに基づく契約の撤回又は契約の解除を理由とする代金債務の不発生ないし消滅である[31]。同法は，その対象とする販売形態に応じて，クーリング・オフについて規定している[32]ので，その要件を充足する場合であるか否かが実体法上の問題点となる。これまでの裁判例では，クーリング・オフ期間の進行をめぐって，その前提となる書面の交付があったか否かがもっぱら問題となっているが[33]，クーリング・オフの方法として電話による告知の可否が問題となった裁判例（否定例）もある[34]。

(2) 不実の告知又は事実の不告知に基づく契約の取消しをめぐる問題点

　代金債務が消滅する場合として，クーリング・オフと同様に典型的であるのは，特定商取引法の規定する不実の告知又は事実の不告知に基づく契約の取消しであるが[35]，不実の告知又は事実の不告知を理由とする契約の取消しが実際に認められた裁判例は乏しい[36]。

---

31) 代金債務の不発生というのは，クーリング・オフによる契約の撤回を契約の効力が発生しない場合とみたうえでの捉え方である。契約の撤回も，契約の解除と同様に，契約の効力を消滅させる場合であるとみれば，代金債務の消滅と捉えることになる。

32) 特定商取引法は訪問販売について9条で契約の申込みの撤回等を，電話勧誘販売について24条で契約の申込みの撤回等を，連鎖販売取引について40条，40条の2で契約の解除等を，特定継続的役務提供について48条，49条で契約の解除等を，業務提供誘引販売取引について58条で契約の解除をそれぞれ規定している。

33) 前掲注21)の裁判例がこれに当たる。

34) 大阪地判昭62・5・8判タ665号217頁は，訪問販売等に関する法律当時の事案であるが，「訪問販売法6条1項は，クーリングオフは，『書面により』行うことができると規定しているのであり，その趣旨は，そもそもクーリングオフ制度は，契約当事者の一方の単独行為により合意による拘束を免れることを認めるものであるから，その行使の方式を厳格にし，かつ，その効果の発生について後日紛争が生じないようにするにあるものと解される。それ故クーリングオフの方式に関する同条の規定は，これを厳格に解することが必要であり，被告の主張する右電話による本件売買契約の解除は，かりにその事実があるとしても，右売買契約を失効させるものでなかったといわなければならない。」と判示している。

35) 特定商取引法は訪問販売について9条の2で，電話勧誘販売について24条の2で，連鎖販売取引について40条の3で，特定継続的役務提供について49条の2で，業務提供誘引販売取引について58条の2で，それぞれ当該契約に係る申込み又は承諾の意思表示の取消しを規定している。

(3) 特定商取引の公序良俗違反をめぐる問題点

特定商取引法が適用されるためには，販売形態が同法の規定する要件に該当する場合でなくてはならない。したがって，この点は，販売者等が購入者等に対して代金の支払を求める場合には，自ら主張立証しなければならない。既に販売者等の提起する訴訟（Ⅱ参照）において検討したとおりであるが，販売形態が特定商取引法の適用要件を充足すると認められる場合であっても，その効力が問題となる場合がある。当該取引がいわゆる「悪徳商法」と称される詐欺まがいの取引である場合であって，公序良俗違反を理由に当該取引に係る契約の無効が主張されるほか，詐欺・強迫による契約の取消し，あるいは，錯誤による契約の無効が主張されるが，当該取引の販売形態にそのような瑕疵が主張される場合には，当該取引が「○○商法」などと俗称される場合が少なくない。もとより俗称であって，法律的な用語ではないが，裁判例においても，そのような俗称が用いられる場合が少なくないので，以下，そのいくつかを取り上げ，その問題点を考察することとする。

(a) マルチ商法 マルチ商法とは，連鎖販売取引あるいはそれに類似した販売形態の通称であるが，裁判例では，もっぱら公序良俗違反による契約の無効が問題となっていて，実際，契約の無効が認められている[37]。

(b) ペーパー商法 ペーパー商法とは，商品を販売するが顧客に現物を渡さず，その商品の運用，管理，保管などを行うと称して，一定期間，預かり証等しか交付しない商法であって，現物まがい商法，オーナー商法とも俗称されている。豊田商事事件，和牛商法事件などが著名であるが，民事事件でも，公序良俗違反による契約の無効が認められている[38]。

---

36) 不実の告知又は事実の不告知が認められる場合には，これが不法行為に当たるとして，損害賠償が求められる事案が少なくないからである。例えば，不実の告知が認められている前掲注16) 東京地判平18・2・27も，事実の不告知が認められている前掲注13) 東京地判平14・7・24も，損害賠償請求が認容されている事案である。

37) いわゆる「ベルギーダイヤモンド商法」取引に係る裁判例は，前掲注13) で取り上げたが，同取引は，マルチまがい商法と称されている。モニター商法取引に関する裁判例も，前掲注13) で取り上げたが，マルチ商法に含めることができる要素がある。

38) 例えば，豊田商事事件につき，大阪地判平元・9・14判時1348号100頁・判タ718号139頁は，豊田商事のいわゆる「純金ファミリー商法」取引が違法であることを前提に，同商法による歩合報酬の支払合意も公序良俗に反し無効であるとしている。和牛商法事件について

(c) **催眠商法** 催眠商法とは，催眠術ないし催眠術的な手法を導入し，消費者の購買意欲を煽って商品を販売する商法であるが，裁判例でも，公序良俗違反が認められている。[39]

(d) **モニター商法** モニター商法とは，モニターになると商品が安くなる，モニター料といった名目で収入を得られるといった勧誘を行う商法である。前同様，公序良俗違反による契約の無効が認められている。[40]

(e) **就職商法** 就職商法とは，就職しようとする人又は就職した人に対して，商品を購入させることを目的とした商法であって，「求人商法」とも俗称されている。特定商取引として問題となっている裁判例は乏しい。[41]

(f) **アルバイト商法** アルバイト商法とは，従業員が雇用者の営業に係る商品を購入し，あるいは，役務の提供を受ける契約を締結し，その代金につき，信販会社から立替払を受けることによって，雇用の資金繰りに供するなどの意図で行われる取引である。特定商取引法の適否よりも，割賦販売法の適否の方が問題となる事案であるが，販売者等と購入者等の契約それ自体が公序良俗違反により無効と認められている裁判例と[42]，無効とまでは認められていない裁判例とがある。[43]

　も，民事訴訟が提起されたはずであるが，裁判例は公刊されていないようである。
39) 前掲注13)で取り上げた「ベルギーダイヤモンド商法」は，催眠商法と称される側面がある。
40) 例えば，前掲注13)でモニター商法として取り上げた裁判例である。
41) 東京地判平17・4・24（判例集未登載）は，X（購入者等）が，Z（販売者等）において，外国為替証拠金取引に投資家を誘い込むために，ウェブサイトに転職情報を出して，「就職」という言葉と破格の好条件でXをおびき出し，研修と称してセミナーで外国為替のリターン性ばかりを強調し，職業訓練と称して外国為替証拠金取引に誘い込むという極めて悪質な勧誘方法をとったもので，勧誘そのものが詐欺行為の重要な一部を構成すると主張して，損害賠償を求めた事案であって，就職商法（求人商法）の違法が問題となったが，Zによるウェブサイト上の求人広告は，その内容からして，応募者を外国為替証拠金取引に誘い込むものとは認められず，実際，Xは，Zにおいて約1か月間営業外務員として稼働し，外国為替証拠金取引について理解を深めた後，自分でも外国為替証拠金取引を行って利益を得るために，自らの判断で外国為替証拠金取引を行っていたものであると認められるとして，Xの主張は排斥されている。
42) 例えば，大阪地判平20・1・30判時2013号94頁・判タ1269号203頁参照。
43) 例えば，東京地判昭63・7・1判時1311号80頁参照。

> **〔2〕 手続法上の問題点**
>
> 　債務不存在確認訴訟において手続法的に問題となるのは，特定商取引関係訴訟に限ったわけではなく，民事訴訟一般の問題であるが，確認の対象となる代金債務の特定である。その特定が訴訟物を特定するからである。また，これも民事訴訟一般の問題であるが，確認の利益も問題になる。確認の利益がなくては，訴えが不適法として却下されるからである。以下，分説する。

(1) 代金債務の特定

　債務不存在確認訴訟では，債務者において，債権者との間で不存在確認を求める債務を特定する必要がある。その特定がなければ，訴訟物が特定しないので，審理の対象を把握し得ないからであるが，債務が特定されていれば，債務者がその不存在について立証責任を負うわけではない。その特定された債務に対応する債権については，その発生を債権者が主張立証しなければならないからである。以上は，民事訴訟一般の問題として債務不存在確認訴訟について指摘されていることであるが，特定商取引に係る契約関係は，販売者等にとってみると，多数の購入者等との間で複数の契約関係が成立しているとしても，個々の購入者等にとってみれば，1回の取引で，1個の契約関係が成立するにすぎない場合が一般的である。貸金業取引のように取引が反復・継続されることを予定している場合が少ないようである。したがって，代金債務の特定をめぐる購入者等の主張としては特に問題はなく，その立証がもっぱら問題になる。もとより購入者等の主張する代金債務は，販売者等の主張する代金債権と対応するものでなくてはならないから[44]，販売者等が代金債権の支払を求めている場合には，その主張する代金債権に対応する債務として代金債務を特定すれば足りるので，特に代金債務の特定を問題にするまでもないが，債務不存在確認訴訟において一般的に問題となるところであるので，看過してはならない。

(2) 確認の利益

債務不存在確認訴訟を提起した購入者等は，その対象となる債務を特定しても，その請求を認容する判決を求め得るには，販売者等との間に当該債務の存在しないことの確認を求める訴えの利益，すなわち，確認の利益がなくてはならない。販売者等との間に代金債権の存否をめぐって争いが現にあって，かつ，その争いを解決するには，販売者等の主張する代金債権に対応する債務が存在しないことを確認すれば足りる場合でなくてはならないからであるが，購入者等が債務不存在確認訴訟を提起するのは，その提訴以前に，販売者等から代金の支払を催告され，その支払を拒絶してもなお，支払の催告が繰り返される状況にあるのが一般的であるので，確認の利益が否定される場合は少ない。[45]

もっとも，訴えを提起した段階では，債務の不存在を確認する利益が認められる場合であっても，その後，確認の利益が失われる場合もないわけではない。債務者が債務不存在確認訴訟を提起した後，債権者が当該債務に対応する債権につきその支払を求める給付訴訟を提起した場合には，確認の利益が失われるというのが判例であるからである。[46]

---

44) 債務者の主張する債務と，債権者の主張する債権とが齟齬する場合，債務者の主張する債務の不存在は債権者も自認するところであるとして，不存在確認請求を認容する判決を言い渡すことは許されない。そのような判決は，当事者間の紛争を解決するのに資するところがないからであって，これを制限するのが次に考察する訴訟要件としての確認の利益である。もっとも，そのような齟齬を理由に，確認の利益を欠くとして訴えを却下する判決が言い渡されることは多くない。裁判所（裁判長）の訴訟指揮によって，当初の訴えが債権者の主張する債権に対応する債務の存在しないことの確認を求める訴えに変更されているためでないかと窺われる。

45) もっとも，訴えを提起した後，購入者等が存在しないと認識している代金債務と，販売者等が存在していると認識している代金債権との間に齟齬があることが判明する場合もないわけではないが，販売者等の主張する代金債権に対応する債務として代金債務を変更して，当該代金債務の不存在確認を求める必要がある。代金債務の特定の問題として，当初の主張と変更後の主張とが実質的に同一であって，当初の主張を補正するにとどまると解される場合は問題がないが，当初の主張と実質的な同一性を欠く主張に変更する場合には，訴訟物である債務が変更されることになるので，訴えの変更として処理されることになる。訴えを変更しても，請求の基礎に同一性はあると解されるので，訴えの変更が許されない場合は少ないと解されるが，注意を要するところである。

46) 従来は，給付の訴えが提起された後，その対象となっている債務について不存在確認の訴えを提起することは，給付の訴えについて請求棄却の判決を求める以上のものではないとし

2．代金返還請求訴訟

　債務不存在確認訴訟は，特定商取引に係る契約に問題があることを前提に，購入者等が販売者等に対する代金債務の不存在を主張するにとどまるが，購入者等が，代金債務の不存在を前提として，販売者等に対し，支払済みの代金の返還を求める場合もある。代金債務が不存在である以上，支払済みの代金の返還を求め得るのが当然であって，訴訟実務としては，債務不存在確認訴訟よりも，代金返還請求訴訟が一般的であるが，問題点の基本は，債務不存在確認訴訟にあるので，訴訟類型としては，代金返還請求訴訟を派生類型として考察する所以である。代金返還請求訴訟の実体法上の問題点も，手続法上の問題点も，その基本類型である債務不存在確認訴訟で指摘したところに特に加える必要がある問題点としては，以下のとおりである。

〔1〕　実体法上の問題点

　代金返還請求訴訟において実体法的にまず問題となるのは，特定商取引に係る契約の効力である。代金の返還を求め得るという以上，当該契約が無効であることを前提とするからであるが，この点は，債務不存在確認訴訟と共通するので，改めて考察する必要はないところである。次に問題となるのは，返還を求め得る代金の額であるが，支払った代金の額が前提となるので，販売者等が購入者等から受領した当該代金の額を減額して購入者等に返還すれば足りる場合があるか否かという形で問題

て，確認の利益が否定されるが，債務不存在確認の訴えが提起された後，その対象となっている債務についてその履行を求める訴えが提起されても，確認の利益は否定されないという理解が一般的であった。しかし，最高裁は，債務不存在確認の訴えが給付の訴えに先行して提起されている場合においても，給付の訴えが提起された以上，確認の訴えの利益を認めることはできないとの判断を示している。例えば，最判平16・3・25民集58巻3号753頁・判時1856号150頁・判タ1149号294頁である。

になる。したがって，清算が許される場合とその場合の清算の対象となる額が実体法上の問題点として考察される必要がある。

(1) 清算の許否

　特定商取引法は，契約が解除された場合に，販売者等が購入者等に請求し得る賠償額について制限している。契約の解除は，契約の有効な成立を前提として可能であるから，契約が撤回された場合，無効である場合，あるいは，取り消された場合には，販売者等が購入者等に対して損害賠償を求める前提を欠くので，その受領した代金を全額返還すべきものであって，賠償額との清算は問題とならない。

　契約の解除を理由として代金の返還が求められる場合には，販売者等は，購入者等に対して損害賠償を求め得ることになるので，その賠償額を清算して代金を返還すれば足りることになるが，その対象額については，次で考察する。

(2) 清算の対象額

　もっとも，特定商取引法は，賠償額を制限する規定を設けているので，その適用がある場合には，清算の対象額はその制限額にとどまる。判例をみると，外国語会話教室の受講契約における，受講者が受講開始後に契約を解除した際の受講料の清算が問題となった事案についてであるが，レッスンポイ

---

47)　特定商取引法は，訪問販売について10条で，電話勧誘販売について25条で，業務提供誘引販売について58条の3で，それぞれ損害賠償等の額の制限を規定している。

48)　契約の無効・取消しの場合に，販売者等が購入者等から受領した代金の清算として賠償金を控除し得るか否かが問題となった裁判例はないようである。

49)　前掲注14) 最判平19・4・3であるが，その理由として，「特定継続的役務提供契約は，契約期間が長期にわたることが少なくない上，契約に基づいて提供される役務の内容が客観的明確性を有するものではなく，役務の受領による効果も確実とはいえないことなどにかんがみ，役務受領者が不測の不利益を被ることがないように，役務受領者は，自由に契約を将来に向かって解除することができることとし，この自由な解除権の行使を保障するために，契約が解除された場合，役務提供事業者は役務受領者に対して法定限度額しか請求できないことにしたものと解される。」と判示している。

ント制を採用する外国語会話教室において，中途解約における清算時に算定される使用済みポイントの対価額を，契約時単価ではなく使用済みポイント数以下で最も近いコースの契約時単価とする旨の受講料清算規定は，特定商取引法49条2項1号に定める法定限度額を超える額の金銭の支払を求めるものとして無効となるので，契約時単価によって提供済み役務対価相当額を算定すべきであるとしている。

〔2〕 手続法上の問題点

　代金返還請求訴訟における手続法上の問題点は，実体法上の問題点として指摘した事項の立証がもっぱらである。受領済みの代金の額から清算が許される場合に，その対象となる額は制限額である。

3. 損害賠償請求訴訟

　損害賠償請求訴訟は，購入者等が販売者等に対して代金の返還を求めるだけでなく，損害賠償を求めるものである。損害賠償請求訴訟が提起されるに至る背景は前述したが，このような損害賠償請求訴訟の実体法上の問題点及び手続法上の問題点は，以下のとおりである。

〔1〕 実体法上の問題点

　損害賠償請求訴訟において実体法的に問題となるのは，損害賠償請求権の発生についてである。販売者等の債務不履行責任あるいは販売者等の担当者の不法行為を前提とする販売者等の使用者責任が追及されるのが一般的である。

(1) 債務不履行責任をめぐる問題点

販売者等に債務不履行があれば，購入者等が損害賠償を求め得ることに特に問題はない。したがって，問題は，その前提として，もっぱら債務不履行があるか否かに帰するが，裁判例をみると，履行場所の変更，履行時期などが問題となっている。[50]

(2) 使用者責任をめぐる問題点

販売者等の担当者に不法行為が認められる場合に，当該不法行為が販売者等の職務の執行について行われたことを前提としてであるが，販売者等が使用者責任を負うことがあるのも，特に問題があるところではない。したがって，問題は，その前提として，担当者の不法行為の有無と，当該不法行為と販売者等の職務の執行との関連性の有無とに集約される。

(a) 担当者の不法行為 担当者の不法行為が問題となった裁判例をみると，その不法行為が問題となるのは，もっぱら取引の勧誘についてである。不法行為責任を認めた裁判例は少なくない。[51]

(b) 職務執行との関連性 担当者の不法行為が認められる場合の当該不法行為の類型が前記裁判例にみられるようなものであれば，当該不法行為が販売者等の職務の執行について行われたと認定されるのが一般的であると解

---

50) 債務不履行責任を認めた裁判例は乏しい。債務不履行責任が問題となる事案では，契約の撤回・解除あるいは取消しが認められ，無効が認められる場合が少なくなく，また，不法行為責任が認められる場合も多いので，その結果として，債務不履行責任が問題とならないようである。債務不履行責任を否定した裁判例として，例えば，債務の履行場所の変更（外国語会話レッスン受講契約における教室の変更）につき，名古屋地判平19・2・15判時1971号137頁が，ゴルフ場の開場遅延につき，東京地判平8・4・18判時1594号118頁がある。

51) 不法行為責任を認めた裁判例は多く，欺罔的な勧誘行為に係る前掲注13）東京地判平14・7・24，身元保証に係る保証証券の販売に係る東京高判平3・9・30判夕787号217頁・金判900号26頁，先約の図書購入契約を解除させて同種の図書購入契約を新規に締結させた場合に係る名古屋地判昭55・11・21判時1014号92頁・判夕449号234頁などがある。なお，「ベルギーダイヤモンド商法」取引に係る裁判例として取り上げた前掲注13）福岡高判平8・4・18，前掲注13）名古屋地判平6・5・27，大阪高判平5・6・29，東京高判平5・3・29，大阪地判平3・3・11も不法行為責任を肯定している。もとより不法行為責任を否定している裁判例もある。東京地判平16・7・13判時1873号137頁・判夕1173号227頁は，詐欺による不法行為責任を否定している。前掲注13）東京地判平元・8・29は，「ベルギーダイヤモンド商法」取引に係る裁判例であるが，不法行為責任を否定した裁判例である。

されるから、民法715条の規定する職務執行との関連性が特に問題となることはないが、事案によっては、職務執行との関連性が問題となる場合も予想されないわけではない。職務執行との関連性の有無は、いわゆる外形理論によって判断されるが、その判断基準に照らして、職務執行との関連性が否定される場合がないと断定することができない以上、当然であるが、外形理論が適用される状況下においては、職務執行との関連性が否定される場合が少なくないということは可能である。[52]

なお、外形理論が適用される状況下においても、被用者の不法行為が使用者の職務の執行として行われたものでないことを被害者が認識していた場合には、当該不法行為が客観的、外形的には使用者の職務の執行として行われた場合であっても、使用者は損害賠償責任を負うものではない。判例法理として確立しているところであるから、[53]特定商取引において、販売者等の不法行為を前提に、販売者等の使用者責任を追及する場合にも、購入者等の認識いかんでは販売者等に損害賠償を求め得ないことになるので、注意が必要である。もちろん、この場合においても、担当者に対する損害賠償を求めることは可能である。

---

52) もっとも、職務執行との関連性をめぐって問題となった判例をみると、最判平22・3・30判時2079号40頁・判タ1323号111頁は、Xが、貸金業を営むYの従業員のAから、Yの貸金の原資に充てると欺罔され、Aに金員を交付して損害を被ったことにつき、Aの行為がYの事業の執行についてされたものであると主張して、Yに対し、民法715条に基づき損害賠償請求をした事案につき、Yの責任を認めた原判決を破棄するに当たって、「Yは貸金業を営む株式会社であって、Aを含む複数の被用者にその職務を分掌させていたことが明らかであるから、本件欺罔行為が上告人の事業の執行についてされたものであるというためには、貸金の原資の調達が使用者である上告人の事業の範囲に属するというだけでなく、これが客観的、外形的にみて、被用者であるAが担当する職務の範囲に属するものでなければならない。ところが、原審は、貸金の原資を調達することがYの事業の範囲に属するということのみから直ちに、これがYの被用者の職務の範囲に属するとして、本件欺罔行為が上告人の事業の執行についてされた行為に該当するとしたものであるから、その判断には、民法715条の解釈適用を誤った違法がある。」と判示している。判例法理の徹底がなお必要なようである。
53) 最判昭42・11・2民集21巻9号2278頁・判時498号3頁・判タ213号231頁は、この点につき、要旨、「被用者の取引行為がその外形からみて使用者の事業の範囲内に属すると認められる場合であっても、それが被用者の職務権限内において適法に行なわれたものではなく、かつその相手方が右の事情を知り、または少なくとも重大な過失によってこれを知らないものであるときは、その相手方である被害者は、民法715条により使用者に対してその取引行為に基づく損害の賠償を請求することができない。」と判示している。

〔2〕 手続法上の問題点

　損害賠償請求訴訟において手続法的に問題となるのは，実体法上の問題点の立証についてである。販売者等の債務不履行については，契約関係に照らして，その有無が客観的な証拠に基づいて判断されるのが一般的であるので，その立証も容易であるといえるが，販売者等の担当者の不法行為については，契約の勧誘，締結といった場面における当該担当者の言動が問題となる場合が少なくなく，その有無が主観的な証拠に基づいて判断されるしかないとすると，その立証が困難とならざるを得ない。いきおい，そのような主観的な証拠を客観的な証拠として訴訟に提出し得るか否かが問題となる。

(1) 債務不履行の立証をめぐる問題点

　債務不履行責任を追及する場合には，債務の履行不能，履行遅滞あるいは不完全履行を主張する場合にも，その履行されるべき債務の内容を確定する必要がある。その確定された債務が履行によって消滅したことは販売者等が主張立証すべき抗弁事実であるので，購入者等が販売者等による債務の不履行を主張立証すべき必要はない。もっとも，不完全履行を主張する場合には，販売者等による履行があったことを前提に，少なくともその履行が債務の本旨に適ったものでないことを購入者等が主張しなければならない[54]。

(2) 不法行為の立証をめぐる問題点

　担当者の不法行為責任を追及する場合には，当該担当者の不法行為を具体的に特定する必要がある。取引の勧誘における一連の行為が不法行為を構成

---

54) この場合においても，販売者等が購入者等の主張する不完全履行の責任を免れるためには，販売者等による債務の履行が債務の本旨に適うものであったことを主張立証すべきものと解されるから，購入者等が債務の本旨に適った債務の履行がないことを立証すべきことにはならない。

すると主張する場合には，個々の不法行為を特定するのが困難である場合が少なくないが，その一連の行為の違法性を認めるに足りる程度に具体的に特定して主張する必要は否定できない。

　使用者の不法行為責任，すなわち，使用者責任を追及する場合には，被用者の不法行為の成立が前提となるので，その不法行為を具体的に特定する必要があることは前同であるが，被用者を個々的に特定する必要はない。不法行為の主体が被用者であったことが特定できれば足りると解されるからである。[55]

---

55) 最判昭57・4・1民集36巻4号519頁・判時1048号99頁・判タ473号133頁は，要旨，「国又は公共団体に属する一人又は数人の公務員による一連の職務上の行為の過程において他人に被害を生ぜしめた場合において，それが具体的にどの公務員のどのような違法行為によるものであるかを特定することができなくても，右の一連の行為のうちのいずれかに故意又は過失による違法行為があつたのでなければ右の被害が生ずることはなかつたであろうと認められ，かつ，それがどの行為であるにせよ，これによる被害につき専ら国又は当該公共団体が国家賠償法上又は民法上賠償責任を負うべき関係が存在するときは，国又は当該公共団体は，加害行為の不特定の故をもつて右損害賠償責任を免れることはできない。」と判示している。

事項索引

あ

悪意の受益者⋯⋯⋯⋯⋯⋯⋯⋯128
アルバイト商法⋯⋯⋯⋯⋯⋯⋯168
遺　言⋯⋯⋯⋯⋯⋯⋯⋯⋯⋯⋯77
一任売買⋯⋯⋯⋯⋯⋯⋯⋯⋯⋯16
印影の照合⋯⋯⋯⋯⋯⋯⋯⋯⋯65
因果関係⋯⋯⋯⋯⋯⋯18,45,50,93
オプション取引⋯⋯⋯⋯⋯⋯⋯43

か

外形理論⋯⋯⋯⋯⋯⋯⋯⋯⋯175
外国株券⋯⋯⋯⋯⋯⋯⋯⋯⋯⋯47
外国為替証拠金取引⋯⋯⋯⋯⋯44
外国債券（外債）⋯⋯⋯⋯⋯⋯48
外国証券⋯⋯⋯⋯⋯⋯⋯⋯⋯⋯47
外国証券の取引に関する規則⋯⋯47
外国投資信託（受益）証券⋯⋯48
確実性誤解告知⋯⋯⋯⋯⋯⋯⋯17
確認の利益⋯⋯⋯⋯⋯⋯⋯122,170
過誤払い⋯⋯⋯⋯⋯⋯⋯⋯⋯⋯74
貸　金⋯⋯⋯⋯⋯⋯⋯⋯⋯⋯121
貸金業取引⋯⋯⋯⋯⋯⋯⋯⋯101
貸金返還訴訟⋯⋯⋯⋯⋯⋯⋯102
過失相殺⋯⋯⋯⋯⋯21,25,27,45,50,94,96
割賦販売⋯⋯⋯⋯⋯⋯⋯⋯⋯130
過当取引⋯⋯⋯⋯⋯⋯⋯⋯⋯⋯16
過当売買⋯⋯⋯⋯⋯⋯⋯⋯⋯⋯92
過払金の消滅⋯⋯⋯⋯⋯⋯124,125
過払金の発生⋯⋯⋯⋯⋯⋯⋯124
過払金の不発生⋯⋯⋯⋯⋯⋯124
貨幣代用物⋯⋯⋯⋯⋯⋯⋯⋯103
借替え⋯⋯⋯⋯⋯⋯⋯⋯⋯⋯104
借増し⋯⋯⋯⋯⋯⋯⋯⋯⋯⋯104
過量販売解除⋯⋯⋯⋯⋯⋯⋯148
為替リスク⋯⋯⋯⋯⋯⋯⋯⋯⋯50
カントリーリスク⋯⋯⋯⋯⋯⋯50
元　本⋯⋯⋯⋯⋯⋯⋯⋯⋯⋯103
元本充当⋯⋯⋯⋯⋯⋯⋯⋯108,109
管理調査義務⋯⋯⋯⋯⋯⋯⋯150
期限の利益喪失⋯⋯⋯⋯⋯⋯109
既払金返還⋯⋯⋯⋯⋯⋯⋯⋯147
求償債権⋯⋯⋯⋯⋯⋯⋯⋯135,136
業務提供誘引販売取引⋯⋯⋯159
金融商品取引⋯⋯⋯⋯⋯⋯⋯⋯11
金融取引⋯⋯⋯⋯⋯⋯⋯⋯⋯1,2
クーリング・オフ⋯⋯⋯⋯140,166
限度額保証⋯⋯⋯⋯⋯⋯⋯⋯115
抗弁の接続⋯⋯⋯⋯⋯⋯⋯139,146
抗弁の対抗⋯⋯⋯⋯⋯⋯⋯⋯139
個別信用購入あっせん⋯⋯⋯138

さ

催眠商法⋯⋯⋯⋯⋯⋯⋯⋯⋯168
債務の特定⋯⋯⋯⋯⋯⋯⋯⋯169
債務不存在⋯⋯⋯⋯⋯⋯⋯⋯120
差押え⋯⋯⋯⋯⋯⋯⋯⋯⋯72,74
差損金請求⋯⋯⋯⋯⋯⋯⋯⋯⋯39
仕組み債⋯⋯⋯⋯⋯⋯⋯⋯⋯⋯45
事実の不告知⋯⋯⋯⋯⋯⋯⋯166
支配人⋯⋯⋯⋯⋯⋯⋯⋯⋯⋯112
就職商法⋯⋯⋯⋯⋯⋯⋯⋯⋯168
集団訴訟⋯⋯⋯⋯⋯⋯⋯⋯⋯8,10
受益債権⋯⋯⋯⋯⋯⋯⋯⋯⋯⋯82
受託者の義務⋯⋯⋯⋯⋯⋯⋯⋯84
主張立証⋯⋯⋯7,10,23,26,33,36,40,46,51,96,126
純金ファミリー商法⋯⋯⋯⋯167
準占有者に対する弁済⋯⋯64,72,74
商事信託⋯⋯⋯⋯⋯⋯⋯⋯⋯⋯79
使用者責任⋯⋯⋯⋯⋯⋯25,96,174
消費者団体⋯⋯⋯⋯⋯⋯⋯⋯8,10
商品先物取引⋯⋯⋯⋯⋯⋯⋯⋯87
商品先物取引業者等の監督の基本的な指針⋯88
証明責任⋯⋯⋯⋯⋯⋯⋯⋯⋯7,8,10
消滅時効⋯⋯⋯⋯⋯⋯25,27,63,97,125

将来請求·····112
職務執行との関連性·····174
助言義務·····14
除斥期間·····25,97
処分証書·····119
真正の推定·····118
信 託·····75
信託行為·····77
信託受益金·····82
信託受益権·····83
信託宣言·····77
信託報酬·····77,79,80
信販取引·····129
清算の対象額·····172
説明義務·····13,89
総合口座·····57
相 殺·····68
相殺権の濫用·····69
相続人·····70
争点整理·····28,37,46,52,99
総量規制·····104
訴訟物·····11,22,45,51,95
損益相殺·····20
損 害·····19,45,50,94
損害拡大防止義務違反·····17
損害金·····105,132,135,136

た

代金請求·····154
代金返還請求·····171
諾成契約·····114
単純併合·····117
断定的判断の提供·····16,91
貯金取引·····56
通信販売に係る取引·····156
定期預金·····57
適合性原則·····15,48,91
手仕舞義務·····17
デリバティブ（金融派生商品）·····41
電話勧誘販売に係る取引·····157
当座預金·····56
同時履行の抗弁権·····144
特定継続的役務提供に係る取引·····158

特定商取引·····151
特定売買·····92

な

二段の推定·····118
ネズミ講·····158

は

反復売買·····17
不完全履行·····26,97
不執行の合意·····116
不実の告知·····166
不存在確認·····145,164
普通預金·····57
不当利得返還·····123
不当利得返還請求·····31
賦払金·····130,131
振り込め詐欺·····62,75
文書提出命令·····10
紛争コスト·····50
ペーパー商法·····167
ベルギーダイヤモンド商法·····158,168
弁済期·····106
弁論主義·····110
包括信用購入あっせん·····135
訪問販売·····156
保証契約書の証拠力·····118
保証債務·····113
暴利行為·····107

ま

前払式特定取引·····138
マルチ商法·····158,167
民事信託·····79
無断売買·····17,92
免責約款·····64
目的物の返還·····143
モニター商法·····158,168

や

事項索引　181

ヤミ金融 ………………………………… 107
郵便貯金 ………………………………… 57
要式契約 ………………………………… 114
要物契約 ………………………………… 103
預金契約 ………………………………… 59
預金者 …………………………………… 60
預金取引 ………………………………… 56
預金の成立時期 ………………………… 61
預金の払戻時期 ………………………… 62
預金払戻請求 …………………………… 58

預託金返還請求 ………………………… 34
予備的併合 ……………………………… 117

ら

利　息 …………………………………… 62,105
留置権の抗弁 …………………………… 144
連鎖販売取引 …………………………… 157
ローン提携販売 ………………………… 133

判例索引

大審院

大判明33・3・15民録6輯69頁……………………………………………104
大判明44・11・9民録17輯648頁……………………………………………104
大判大11・10・25民集1巻621頁……………………………………………104
大判昭3・8・1民集7巻648頁………………………………………………25
大判昭16・11・29法学11巻711頁……………………………………………104

最高裁判所

最判昭29・4・8民集8巻4号819頁・判タ40号20頁………………………70
最判昭32・10・31民集11巻10号1779頁・判タ76号31頁……………………119
最判昭32・12・19民集11巻13号2278頁・判時136号17頁・判タ78号51頁……60
最判昭37・8・21民集16巻9号1809頁・判時321号4頁………………………64
最判昭39・5・12民集18巻4号597頁・判時376号27頁・判タ163号74頁……118
最判昭39・7・7民集18巻6号1049頁…………………………………………104
最大判昭39・11・18民集18巻9号1868頁・判時390号8頁・判タ168号179頁……107
最判昭39・12・24判時404号58頁………………………………………………107
最判昭40・2・9判時401号40頁…………………………………………………107
最判昭42・11・2民集21巻9号2278頁・判時498号3頁・判タ213号231頁……175
最大判昭43・7・17民集22巻7号1505頁・判時522号3頁・判タ225号75頁……106
最大判昭43・11・13民集22巻12号2526頁・判時535号3頁・判タ227号99頁……107
最大判昭43・12・24民集22巻13号3454頁・判時547号37頁・判タ230号170頁……25
最判昭44・11・25民集23巻11号2137頁・判時580号54頁・判タ242号174頁……107
最大判昭45・6・24民集24巻6号587頁・判時595号29頁・判タ249号125頁……68
最判昭45・11・26裁判集民101号565頁………………………………………119
最判昭46・6・10民集25巻4号492頁・判時634号3頁・判タ265号101頁……65
最判昭46・7・1判時644号85頁・判タ269号195頁…………………………61
最判昭48・3・13民集27巻2号344頁……………………………………………74
最判昭48・3・27民集27巻2号376頁・判時702号54頁………………………60
最判昭48・10・5判時726号92頁・金法705号45頁……………………………63
最判昭50・7・15判時790号105頁・金判1477号11頁…………………………17
最判昭51・11・4民集30巻10号915頁・判時836号48頁・判タ344号185頁……135
最判昭52・8・9民集31巻4号742頁・判時865号46頁・判タ353号205頁……60
最判昭53・5・2判時892号58頁・金法549号24頁……………………………69
最判昭54・3・1金法893号43頁…………………………………………………69
最判昭57・4・1民集36巻4号519頁・判時1048号99頁・判タ473号133頁……177
最判昭58・1・25金法1034号41頁………………………………………………61
最判昭59・12・21裁判集民143号503頁………………………………………127

最判昭61・5・29判時1196号102頁・判タ606号46頁 ……………………………………32
最判昭63・10・18民集42巻8号575頁・判時1296号139頁・判タ685号154頁 ……63
最判平元・12・21民集43巻12号2209頁・判時1379号76頁・判タ753号84頁 ………25
最判平4・2・28判時1417号64頁・判タ783号78頁 …………………………………17,35
最判平5・11・11民集47巻9号5255頁・判時1541号88頁・判タ888号134頁 ………116
最判平8・4・26民集50巻5号1267頁・判時1567号89頁・判タ910号80頁 …………61
最判平9・9・4民集51巻8号3619頁・判時1618号3頁・判タ956号149頁……………19
最判平10・2・10金判1056号6頁・金法1535号64頁 …………………………………73
最判平10・6・12民集52巻4号1087頁・判時1644号42頁・判タ980号85頁 ………25
最判平11・3・25判時1674号61頁・判タ1001号77頁 …………………………………78
最判平14・1・17民集56巻1号20頁・判時1774号42頁・判タ1084号134頁 ………77
最判平15・2・21民集57巻2号95頁・判時1816号47頁・判タ1117号211頁 ………60
最判平15・4・8民集57巻4号337頁・判時1822号57頁・判タ1121号96頁 …………67
最判平15・4・18民集57巻4号366頁・判時1823号47頁・判タ1123号78頁 ………111
最判平15・6・12民集57巻6号563頁・判時1828号9頁・判タ1127号95頁 …………60
最判平16・3・25民集58巻3号753頁・判時1856号150頁・判タ1149号294頁 ……123,171
最判平16・4・20判時1859号61頁・判タ1151号294頁 …………………………………72
最判平17・7・11判時1911号97頁・判タ1192号253頁 …………………………………72
最判平17・7・14民集59巻6号1323頁・判タ1189号163頁 ……………………………15,91
最判平18・6・23判時1943号146頁・判タ1220号143頁 …………………………………63
最判平18・12・14民集60巻10号3914頁・判時1957号53頁・判タ1232号228頁 ……84
最判平19・2・13民集61巻1号182頁・判時1926号67頁・判タ1236号99頁 ………124
最判平19・4・3民集61巻3号967頁・判時1976号40頁・判タ1246号95頁 …………159,172
最判平19・4・24民集61巻3号1073頁・判時1979号56頁・判タ1248号107頁 ……62,64
最判平19・6・7民集61巻4号1537頁・判時1977号77頁・判タ1248号113頁 ………124
最判平19・7・13民集61巻5号1980頁・判時1984号26頁・判タ1252号110頁 ……128
最判平19・7・17判時1984号33頁・判タ1252号118頁 …………………………………128
最判平19・7・19民集61巻5号2175頁・判時1981号15頁・判タ1251号145頁 ……124
最判平20・1・18民集62巻1号28頁・判時1998号37頁・判タ1264号115頁 ………124
最判平20・6・10民集62巻6号1488頁・判時2011号3頁・判タ1273号130頁 ……108
最判平20・6・24判時2014号68頁・判タ1275号79頁 …………………………………108
最判平20・10・10民集62巻9号2361頁・判タ1285号65頁 ……………………………61
最判平21・1・22民集63巻1号247頁・判時2033号12頁・判タ1289号77頁 ………126
最判平21・1・22民集63巻1号228頁・判時2034号29頁・判タ1290号132頁 ……59,71
最判平21・3・3判時2048号9頁・判タ1301号116頁 …………………………………126
最判平21・3・6判時2048号12頁・判タ1301号120頁 …………………………………126
最判平21・4・14判時2047号118頁・判タ1300号99頁 ………………………………109
最判平21・7・10民集63巻6号1170頁・判時2069号22頁・判タ1317号117頁 ……128
最判平21・7・14判時2069号26頁・判タ1317号121頁 ………………………………128
最判平21・7・16民集63巻6号1280頁・判時2066号121頁・判タ1315号84頁 ……90
最判平21・9・11判時2059号55頁・判タ1308号99頁 …………………………………109
最判平21・9・11判時2059号60頁・判タ1308号104頁 ………………………………109
最判平21・11・9民集63巻9号1987頁・判時2064号56頁・判タ1313号112頁 ……128
最判平21・11・17判タ1313号108頁・金判1333号45頁 ………………………………109

判例索引

最判平21・12・18裁判集民232号833頁・判時2072号14頁・判タ1318号90頁……………91
最判平22・3・30判時2075号32頁・判タ1321号88頁……………33
最判平22・3・30判時2079号40頁・判タ1323号111頁……………175
最判平22・10・8民集64巻7号1719頁・判時2098号51頁・判タ1337号114頁……………70

高等裁判所

東京高判昭60・10・15判時1173号63頁・金判733号26頁……………116
福岡高判平元・11・9判時1347号55頁・判タ719号164頁……………139
高松高判平2・6・25判タ745号163頁……………69
東京高判平3・9・30判タ787号217頁・金判900号26頁……………174
広島高松江支判平4・3・18判時1432号77頁・金法1348号37頁……………115
東京高判平5・3・29判時1457号92頁・判タ861号260頁……………158,174
大阪高判平5・6・29判時1475号77頁・判タ834号130頁……………158,174
東京高判平7・4・27金法1434号43頁……………78
福岡高判平8・4・18判タ933号175頁……………158,174
大阪高判平8・6・13金判1011号17頁……………116
東京高判平9・6・19判時1624号98頁・判タ966号226頁……………116
大阪高判平10・1・13金法1516号38頁……………116
東京高判平11・9・29判時1711号68頁・金判1087号23頁……………111
高松高判平11・11・18判時1721号85頁・判タ1021号194頁……………115
大阪高判平12・4・28判タ1055号172頁・金判1107号22頁……………160
大阪高判平12・5・11証券取引被害判例セレクト16号224頁……………23
東京高判平13・1・25判時1756号85頁・判タ1085号228頁……………109
東京高判平14・10・3判時1804号41頁・判タ1127号152頁……………107
大阪高判平15・3・26金判1183号42頁……………32
東京高判平15・4・23金法1681号35頁……………71
東京高判平16・8・26金判1200号4頁……………65
大阪高判平17・3・30判時1901号48頁・金判1215号12頁……………85
大阪高判平17・12・21（平成16年（ネ）第2072号）判例集未登載……………43
広島高岡山支判平18・1・31判タ1216号162頁……………146
大阪高判平18・9・13判タ1225号275頁……………156
東京高判平18・9・21金判1254号35頁……………45
大阪高判平20・1・29判時2005号19頁・金判1285号22頁……………109
高松高判平20・1・29判時2012号79頁……………156
大阪高判平20・6・3金判1300号45頁……………45
東京高判平20・7・14金判1322号35頁……………128
東京高判平20・7・16金判1340号42頁……………128
札幌高判平20・10・16金判1335号34頁……………128
名古屋高判平21・2・19判時2047号122頁……………148,150
名古屋高判平21・7・23金判1337号37頁・金法1899号102頁……………67

地方裁判所

判例	頁
大阪地判昭49・2・15金判426号13頁	69
名古屋地判昭55・11・21判時1014号92頁・判タ449号234頁	174
大阪地判昭62・5・8判タ665号217頁	166
大阪地判昭63・3・24判タ667号131頁・金法1223号41頁	115
東京地判昭63・7・1判時1311号80頁	168
神戸地判平元・2・9判時1318号110頁	116
東京地判平元・8・29判時1331号86頁	158,174
大阪地判平元・9・14判時1348号100頁・判タ718号139頁	167
大阪地判平2・1・19判タ738号160頁	104
大阪地判平2・2・15判タ727号225頁	116
大阪地判平3・3・11判時1401号81頁・判タ773号204頁	158,174
大阪地判平4・3・27判時1450号100頁	158
東京地判平5・5・13判時1475号95頁・金法1367号139頁	78
東京地判平5・8・30判タ844号252頁	160
東京地判平5・9・27判時1496号103頁・金法1402号39頁	146,148
大阪地判平5・10・13判時1510号130頁	18
大阪地判平6・3・9判タ892号247頁	156
名古屋地判平6・5・27判タ878号235頁	158,174
東京地判平6・6・10判時1527号120頁・判タ878号228頁	157,160
東京地判平6・9・2判時1535号92頁	156,160
大阪地判平6・10・25判時1529号95頁・判タ897号121頁	69
前橋地判平7・1・25判タ883号278頁	113
東京地判平7・8・31判タ911号214頁	160
東京地判平8・3・19金法1471号92頁	116
東京地判平8・4・18判時1594号118頁	157,160,174
神戸地判平8・4・24判時1594号133頁・判タ924号225頁	116
広島地判平8・5・29判タ928号248頁・金法1459号41頁	148
大阪地判平11・3・30判タ1027号165頁・金法1558号37頁	23
東京地判平11・3・31金法1573号48頁	116
東京地判平11・10・28金法1591号63頁	116
東京地判平12・1・26判時1735号92頁・判タ1077号208頁	116
東京地判平12・1・27判時1725号148頁・判タ1074号193頁	116
東京地判平12・6・30金判1116号38頁・金法1604号30頁	104
東京地判平12・12・12判タ1059号159頁・金判1110号43頁	39
さいたま地判平13・5・29金判1127号55頁	109
東京地判平13・8・31訟月48巻9号2116頁	63
東京地判平14・2・22家月55巻7号80頁・金法1663号86頁	71
東京地判平14・7・24判タ1139号171頁	158,161,167,174
神戸地判平15・3・4金判1178号48頁	161
神戸地判平15・3・12判時1818号149頁・判タ1218号244頁	85
東京地判平15・5・28金判1190号54頁・金法1687号44頁	73
神戸地判平15・7・25判時1843号130頁・金判1180号46頁	69

判 例 索 引　　　　　　　　　　　　　　　　187

東京地判平15・11・17判時1839号83頁・判タ1134号165頁 ················113
東京地判平15・12・25判タ1160号137頁・金判1183号6頁 ··················115
大阪地判平16・4・15判時1887号79頁・判タ1164号158頁 ··················44
東京地判平16・7・13判時1873号137頁・判タ1173号227頁 ················174
東京地判平16・7・29判時1880号80頁 ···160
神戸地判平16・9・21判時1891号115頁 ···158
名古屋地判平16・11・19判時1917号117頁 ···156,157
名古屋地判平17・1・26判時1939号83頁 ··33
東京地判平17・2・18判時1923号60頁 ···44
東京地判平17・3・29金法1760号40頁 ···62
東京地判平17・3・30判時1895号44頁・金判1215号6頁 ····················62
東京地判平17・4・24（判例集未登載） ···168
東京地判平17・7・22（平成16年（ワ）第14082号）判例集未登載 ·········43
神戸地姫路支判平17・8・9判時1929号81頁 ···159
東京地判平17・11・11判時1956号105頁 ··44
東京地判平18・2・27判タ1256号141頁 ··159,161,167
大阪地判平18・4・26判時1947号122頁・判タ1220号217頁 ··············17
大阪地判平18・7・12判時1963号88頁・判タ1233号258頁 ················85
東京地判平18・7・14金法1787号54頁 ···72
名古屋地判平19・2・15判時1971号137頁 ··174
大阪地判平19・11・16セレクト30号51頁 ···43
大阪地判平20・1・30判時2013号94頁・判タ1269号203頁 ···········147,168
東京地判平20・2・26判時2012号87頁 ··157
東京地判平20・3・28判タ1276号323頁 ··156
大阪地判平20・4・17判時2006号87頁 ··68
東京地判平20・6・27金法1861号59頁 ··73
東京地判平20・11・12判時2040号51頁・判タ1305号117頁 ···············75
神戸地判平21・2・26金判1324号42頁 ··81
京都地判平21・4・23判時2055号123頁・判タ1310号169頁 ················8
東京地判平21・6・29判時2061号96頁・判タ1311号283頁 ················81
京都地判平21・9・30判時2068号134頁・判タ1319号262頁 ··············8
東京地判平22・11・30金判1362号28頁 ··51

簡易裁判所

佐世保簡判昭60・9・24判タ577号55頁 ···109

リーガル・プログレッシブ・シリーズ
金融取引関係訴訟

2011年7月20日　初版第1刷印刷
2011年8月15日　初版第1刷発行

廃検 止印	ⓒ編著者　滝　澤　孝　臣 （たき　ざわ　たか　おみ） 発行者　逸　見　慎　一

発行所　東京都文京区　株式　青林書院
　　　　本郷6丁目4の7　会社

振替口座 00110-9-16920／電話03(3815)5897〜8／郵便番号113-0033

印刷・モリモト印刷㈱　落丁・乱丁本はお取り替え致します。
Printed in Japan　ISBN978-4-417-01544-4

JCOPY 〈㈳出版者著作権管理機構 委託出版物〉
本書の無断複写は著作権法上での例外を除き禁じられています。
複写される場合は，そのつど事前に，㈳出版者著作権管理機構
（電話 03-3513-6969，FAX 03-3513-6979，e-mail: info@
jcopy.co.jp）の許諾を得てください。